Neue
Kleine Bibliothek 152

Luciano Canfora

August 1914
Oder: Macht man Krieg
wegen eines Attentats?

Aus dem Italienischen von Christa Herterich

PapyRossa Verlag

Der Verlag dankt Herrn Daniel Orlando
für seine Unterstützung bei der Bearbeitung
der deutschsprachigen Ausgabe.

© der deutschsprachigen Ausgabe 2010 by
PapyRossa Verlags GmbH & Co. KG, Köln
Luxemburger Str. 202, 50937 Köln
Tel.:   +49 (0) 221 – 44 85 45
Fax: +49 (0) 221 – 44 43 05
E-Mail: mail@papyrossa.de
Internet: www.papyrossa.de

Umschlag: Willi Hölzel, Lux siebenzwo
Druck: Interpress

Die Deutsche Bibliothek verzeichnet diese Publikation in der
Deutschen Nationalbibliografie; detaillierte bibliografische
Daten sind im Internet über http://dnb.ddb.de abrufbar

Titel der italienischen Originalausgabe: *1914*
© 2006 Sellerio Editore, Palermo

ISBN 978-3-89438-440-1

Inhalt

Ein Epochenjahr

1914 wird für gewöhnlich als Schicksalsjahr der europäischen wie der Weltgeschichte des 20. Jahrhunderts bezeichnet; die Diskussion über die epochale Bedeutung dieses Jahres währt schon lange. Dennoch ist es, wenn man daran geht, die Ereignisse jenes Jahres und ihre Folgen nachzuzeichnen, von Nutzen, wenigstens ganz kurz über seine Bewertung als epochal nachzudenken; und vielleicht ist es, wie so oft, nicht falsch, sich an literarische Darstellungen zu halten. Nehmen wir zwei Schriftsteller, der eine aus dem englischen, der andere aus dem deutschen Raum, die sich sehr voneinander unterscheiden. Der eine ist Arthur Conan Doyle, der Erfinder der Sherlock Holmes-Figur, der andere kein Geringerer als Thomas Mann. Von den beiden Textauszügen, die ich an den Anfang stellen möchte, stammt der erste von Conan Doyle und ist aus dem Jahr 1917. Er trägt den Titel *Seine Abschiedsvorstellung,* Sherlock Holmes' Abschiedsvorstellung also. Der andere ist die erste – in gewissem Sinn auch die letzte – Seite von *Der Zauberberg* von 1924, einem der größten Romane des 20. Jahrhunderts.

Beide Texte wurden also eine ganze Weile nach 1914 geschrieben; der von Conan Doyle stammt aus dem fürchterlichsten Jahr des Krieges, der andere aus der Anfangszeit der Weimarer Republik. Bei Conan Doyle geht es um Spionage. Er beschreibt, wie Sherlock Holmes das Vertrauen eines deutschen Spions gewonnen und ihn dann geschnappt hat – wir befinden uns in den Monaten kurz vor dem Ersten Weltkrieg. Der deutsche Spion ist perfekt getarnt, der ach so tüchtige Sherlock Holmes hat sich als käuflichen Zuträger ausgegeben, Watson kommt im richtigen Moment und hilft ihm. Als schließlich der Spion gefasst ist, ordentlich gefesselt und geknebelt und keinen Schaden mehr anrichten kann, entfernen sich die beiden. Provokativ – wie man im Lauf der Geschichte merkt, wir sind in den letzten Zeilen – sagt Sherlock Holmes: »Es kommt Ostwind auf, Watson«, worauf dieser ein bisschen erstaunt erwidert: »Glaube ich nicht, Holmes, es ist sehr warm«. Und Holmes antwortet ihm:

> »Lieber alter Watson, der einzige Fixpunkt in einer Epoche des Umbruchs ist der von Osten aufkommende Wind, ein Wind, der noch nie durch England gepfiffen hat; ein kalter, schneidender Wind wird es sein, Watson, und viele von uns werden bei seinen Böen schaudern, aber es ist ein von Gott geschickter Wind, und wenn der Sturm vorüber ist, wird eine bessere, reinere und stärkere Erde sich wieder an den Sonnenstrahlen erwärmen. Auf Watson, es ist Zeit zu gehen.«

Es geht mithin um die Vorstellung, dass dieser metaphorische Ostwind einen fürchterlichen Krieg bringt, dessen Böen uns erschauern lassen werden. Doch Doyle, der dies zu einer Zeit schreibt, als der Krieg alles andere als gewonnen ist, fügt optimistisch hinzu: »ein von Gott geschickter Wind«. Ist das Unwetter erst einmal vorbei, wird da eine bessere Erde sein, eine reinere. So wird 1914 zum Jahr jener Eiseskälte, aus der eine bessere Welt, eine bessere Zukunft kommen wird.

Der Text von Thomas Mann, eines der größten literarischen Genies des 20. Jahrhunderts, verdient einen kleinen Vorspann. Es ist an die sehr lange Karriere dieses Schriftstellers zu erinnern, auch daran, dass er in den Kriegsjahren von der Gerechtigkeit der deutschen Sache tief überzeugt war. Auf die Propaganda der Westmächte, Frankreichs, Englands vor allem, aber auch der Vereinigten Staaten, hat er mit einer scharf antiwestlichen Haltung reagiert. Seine schroffe ideologische und kulturelle Polemik ist niedergelegt in einer denkwürdigen Schrift, den *Betrachtungen eines Unpolitischen*. Aber Jahre nach dem Ende des Konflikts, in dem er für seinen Kai-

ser, sein Heer und sein im Krieg befindliches Vaterland Partei ergriffen hatte, hat Mann einen distanzierteren Blick darauf, der auf
die Entwicklung Gesamteuropas nach diesem Konflikt gerichtet ist.
Die erste Seite des Romans in Form einer Einleitung ist sehr iro-
nisch, durchdrungen von der typisch Mannschen Ironie:

> »Es steht jedoch so mit unserer Geschichte, wie es heute auch mit
> den Menschen und unter diesen nicht zum wenigsten mit den Ge-
> schichtenerzählern steht: Sie ist viel älter als ihre Jahre, ihre Be-
> tagtheit ist nicht nach Tagen, das Alter, das auf ihr liegt, nicht nach
> Sonnenumläufen zu berechnen; mit einem Worte: sie verdankt den
> Grad ihres Vergangenseins nicht eigentlich der Zeit. (...) Um aber
> einen klaren Sachverhalt nicht künstlich zu verdunkeln: Die hoch-
> gradige Verflossenheit unserer Geschichte rührt daher, dass sie vor
> einer gewissen, Leben und Bewusstsein tief zerklüftenden Wende
> und Grenze spielt.«

Folglich ist die ganze Geschichte in ein Davor und ein Danach ge-
teilt, und die Scheidelinie ist 1914. Der Roman erzählt die teils, im
poetischen Sinn, autobiografische Geschichte eines, wie Thomas
Mann es formuliert, »einfachen« und doch »ansprechenden« jungen Mannes. Dieser junge Mann heißt Castorp. Castorp begibt sich,
wiewohl nicht besonders krank, in ein prächtiges Sanatorium hinauf
nach Davos in der Schweiz und verbringt dort merkwürdige und
interessante Jahre, verliebt sich, lauscht den hoch interessanten Diskussionen zweier emblematischer Figuren, Naphta und Settembrini,
die am Ende wirklich in einem Duell aufeinander treffen. Plötzlich
fällt die ganze Davoser Gesellschaft in eine Art kollektiven Wahn,
oder, wie Mann es ausdrückt, den »großen Stumpfsinn«, einen Zustand, während dessen man um ein Nichts streitet. In diesem Sanatorium, in dem alles bestens seinen Gang ging, wo auch in den
Diskussionen Harmonie herrschte, und in diesem allgemeinen psy-
chischen Zusammenbruch, in diesem verheerenden Handgemenge
aller mit allen versinnbildlicht sich der Ausbruch des Krieges. Doch
ein Donnergrollen, das in einem bestimmten Moment widerhallt,
bringt die Protagonisten der Geschichte auf den Boden zurück.

Castorp verlässt das Sanatorium, meldet sich zum Militärdienst, und
auf der letzten Seite sehen wir ihn mit einer schweren Uniform und
einem noch schwereren Gewehr behängt, mit Stiefeln, mit denen
er fortwährend im Schlamm stecken bleibt. Er entfernt sich, stürzt
nieder, sei es verletzt oder nur in Schwierigkeiten, und der Autor
seinerseits wünscht ihm in dieser schrecklichen und schmerzhaften
Situation viel Glück.

Vor dem Jahr 1914 ist die europäische Geschichte eine völlig
andere als danach: Es sind dies zwei Texte mit Symbolgehalt, die
für die Zäsur dieses Jahres stehen.

Aber ist dieses Jahr wirklich so epochal? Die Frage wurde erneut
aufgegriffen aus Anlass einer historiographischen Neuerscheinung,
die Ende der 80er Jahre des 20. Jahrhunderts große Aufmerksamkeit
erregte. Ich meine das bekannte, mittlerweile gefeierte und vielfach
übersetzte Buch des deutschen Historikers Ernst Nolte, Verfasser
vieler erfolgreicher Bücher, Erforscher des Faschismus, aber auch
des Phänomens Kommunismus: *Der europäische Bürgerkrieg*. Es ist
ein Essay von großer Suggestivität, wie alles Menschenwerk natürlich nicht fehlerfrei, dessen zentrale und tragende These, über die
viel diskutiert wurde, so lautet: Der europäische Bürgerkrieg – dieser lang während Konflikt, der das 20. Jahrhundert durchzogen hat
und nach Nolte 1945 abgebrochen und beendet wird, anderen zufolge noch lange danach fortdauert und erst 1989 zu Ende geht – habe
mit der bolschewistischen Revolution, mit dem Handstreich von
Oktober/November 1917 begonnen, dem ersten Ansturm auf das
alte Europa, auf den die Faschismen, als erster der italienische, eine
Antwort zu geben versucht hätten. So ist dieser Bürgerkrieg also der
Konflikt zwischen diesen zwei großen Formen der Politik – Schlag
und Gegenschlag, Angriff und Gegenangriff, Aggression und Reaktion, man kann sich aussuchen, welches Begriffspaar man vorzieht.
Diese Sichtweise hat allerdings einen großen Mangel: Ihr gerät die
vielleicht grundlegende Tatsache aus dem Blick, dass dieser Konflikt
nicht 1917, sondern 1914 angefangen hat. Die also möglicherweise

vorzuziehende Sicht, die uns hilft, die Dinge besser zu verstehen, ist eine andere: Dass 1914 ein Gleichgewicht zerbricht, das nur mehr durch immer stärkere Beben wiederhergestellt werden kann – der Krieg, der sich unaufhörlich ausweitet, bis er zum Weltkrieg wird, die russische Revolution als Antwort auf diesen Krieg von Seiten einer politischen Kraft, die diesen Konflikt von Anfang an bekämpft hatte. So beginnen die Daten, sich zeitlich nach hinten zu verschieben und sich besser miteinander zu verbinden.

An diesem Punkt wollen wir einen anderen Historiker zu Hilfe rufen, einen Historiker mit erheblich bedeutenderem Namen als Ernst Nolte, nämlich den Franzosen Fernand Braudel, einen faszinierenden Schriftsteller, Direktor der berühmten historischen Zeitschrift *Annales*, Verfasser von verlegerischen Erfolgen wie *Das Mittelmeer und die mediterrane Welt in der Epoche Philipps II.*, aber auch eines sehr schönen Buches, *Le Monde actuel*, auf das ich Bezug nehmen möchte. Darin sucht Braudel zur Beschreibung der gegenwärtigen Welt – so wie wir sie Anfang der 60er Jahre vor Augen hatten, als er das Buch schrieb – nach einem Anfangszeitpunkt und sagt: »1914 stand Europa an der Schwelle zum Sozialismus, aber auch zum Krieg; innerhalb weniger Tage, weniger Stunden, stürzte es in den Abgrund.«

Das ist eine berühmte und wegen ihrer Diagnose interessante Passage. Unter Europa versteht Braudel ein kleines Europa, im Grunde Frankreich, Deutschland, Italien. Diese Länder hatten also durch ihren inneren Reifegrad einen Zustand erreicht, in dem die soziale Frage akut war und die Probleme der Massen zählten, ohne bereits in revolutionäre Brüche umzuschlagen, kurzum sie standen an der Schwelle zum Sozialismus. Die großen sozialistischen Parteien, in allen drei Ländern und vor allem in Deutschland im Wachsen begriffen, konnten von einem Moment zum anderen sogar zur Regierungsmacht werden. Doch während diese harmonische Entwicklung stattfand und dabei war, sich gleichsam zu vollenden, trat die andere Alternative ein: Man stürzte in den Abgrund. Wenn man

Braudels Bemerkung liest, kommt einem eine bekannte Erzählung
des argentinischen Schriftstellers Jorge Luis Borges in den Sinn, *Der
Garten der Pfade, die sich verzweigen.* In ihr erinnert der Autor mittels
des poetischen Bildes der sich teilenden Pfade sich selbst und alle
anderen, Historiker wie Nicht-Historiker, daran, dass jedem Ereignis mindestens zwei, drei mögliche Entwicklungen gegenüberstehen. Die Pfade verzweigen sich, und durch Kräfte, die stets nur
schwer vollkommen zu erkennen sind, schlägt die Realität dann
unter den verschiedenen möglichen Straßen eine bestimmte ein
statt einer anderen.

1914 hat sich nach dem treffenden Bild Braudels genau dieses
ereignet: Europa stand an der Schwelle zum Sozialismus, aber auch
zum Krieg und stürzte in wenigen Tagen in den Abgrund. Aber ist
sie wirklich letztendlich überzeugend, diese faszinierende Diagnose
Braudels? Man könnte sich fragen, warum angesichts der beiden
Optionen die des Abgrunds die Oberhand bekam, und ob tatsächlich die harmonische Entwicklung der politischen und sozialen Kräfte des glücklichen Europa, das seit dem lange zurückliegenden Jahr
1871, also über 40 Jahre lang Frieden genossen hatte, nur in diese
Richtung ging. Oder trug Europa, jenes glückliche Europa, nicht
im Gegenteil latente und doch erkennbare Kräfte in sich, die in die
Richtung drängten, die Braudel selbst als den Abgrund definiert,
das heißt zum Krieg, und zwar auch, um jene harmonische Entwicklung mit Gewalt zu stoppen? Eine Beobachtung alleine schon
sollte nachdenklich machen und hätte auch Braudel zum Nachdenken bringen müssen: 1912 fanden in Deutschland Reichstagswahlen
statt, die deutsche sozialistische[1] Partei, Lehrmeisterin aller anderen
sozialistischen Bewegungen, erhielt über 4 Millionen Stimmen, kam

---

1   Dem zeitgenössischen deutschen Sprachgebrauch folgend, verwenden
     wir die Begriffe *sozialistisch* und *sozialdemokratisch* synonym. Seit der
     Aufhebung des Sozialistengesetzes nannten die deutschen Sozialisten
     ihre Partei sozialdemokratisch. Davor hatte sie *Sozialistische Arbeiterpartei
     Deutschlands* geheißen.

von 43 auf 110 Abgeordnete und wurde damit auch im Parlament zur stärksten Kraft; und der Kronprinz, der Sohn des deutschen Kaisers, riet seinem Vater bald darauf zu einem Staatsstreich.

Vorgeschichte(n)

Geht man von einem bestimmten Jahr als epochal aus, kann man sich von dort aus zeitlich nach vorn oder nach hinten bewegen. Das ist kein abstraktes Spiel: es ist das größte Problem für Historiker, die der Diachronie, der Abfolge der Ereignisse, nachgehen. Ein großes Problem war das schon für die Historiker der Antike und sie fragten sich: Wie kann man sicherstellen, dass die Schilderung eines Ereignisses alles Ursachen erfasst, die dieses hervorgebracht haben? Kann die Darstellung von diesem Ereignis ausgehen? Oder muss man zurückgehen, und wenn ja, bis zu welchem Punkt? Dieses Problem lösten sie auf zwei Arten, die uns heutzutage ein wenig naiv vorkommen mögen: Entweder fange ich meine Darstellung da an, wo sie zeitlich endet oder wo die eines meiner Vorgänger abgebrochen ist; oder ich fange bei Adam und Eva an, das heißt bei einem mythischen, weit zurückliegenden Ausgangspunkt, wie es Titus Livius gemacht hat, der mit der Gründung Roms begann und allmählich in seiner eigenen Zeit ankam, indem er die Fakten in einer unaufhörlichen Aufeinanderfolge von Ursachen und Wirkungen miteinander verknüpfte.

Was 1914 angeht, so stehen uns beide Wege offen, und wir sollten sie auch beide nutzen. Das Jahr, in dem der Weltkrieg, zunächst als europäischer Krieg, ausbricht, sieht nach und nach verschiedene Mächte in den Kampf eintreten. Zu einem bestimmten Zeitpunkt werden sich auch die Vereinigten Staaten beteiligen, was den Krieg beträchtlich ausweitet, und nach blutigsten Jahren des Grabenkriegs, des U-Boot-Kriegs, des Seekriegs und nach dem

Bombardement und der Zerstörung von Städten endet er 1918 mit einem schwierigen, in Versailles geschlossenen Frieden, mit dem quasi keiner der Beteiligten zufrieden ist. Unterdessen ist zwischen dem Deutschen Reich und dem revolutionären Russland im Januar 1918 ein Separatfrieden geschlossen worden, der Frieden von Brest-Litowsk, der dem noch jungen und in bedrohlicher Lage sich befindenden Sowjetrussland äußerst harte Bedingungen aufzwang. Er sollte dann ein eigenartiges Schicksal haben, weil das Deutsche Reich untergeht, also einer der beiden Vertragspartner nicht mehr existiert, und andererseits Sowjetrussland sich schwer tut, den Frieden von Versailles anzuerkennen, weil es ein Friede ist, an dessen Abschluss es nicht beteiligt war.

Versailles ist also ein Friede, der alle höchst unzufrieden lässt und die Voraussetzungen für einen Konflikt darstellt, der nach der Vulgata am 1. September 1939 erneut aufbricht, in Wirklichkeit aber in Asien um einiges früher wieder beginnt und bis 1945 geht. Mit seinem für den ganzen Kontinent schrecklich zerstörerischen Ende stellt er, wie es zumindest scheint, einen abschließenden Scheidepunkt dar. War es also ein einziger Krieg, der sich von 1914 an zwischen denselben Gegnern entwickelt hat, alles in allem zwischen derselben Art von politischen Lagern? Und ist er mit einer – nicht einmal richtigen – zwanzigjährigen Pause bis 1945 weitergegangen? Ist ein halbes Jahrhundert, die erste Hälfte des 20. Jahrhunderts, mit Kriegen vergangen? Wahrscheinlich Ja.

Für die historische Betrachtung und die Dynamik der Ereignisse ist das kein neues Phänomen.

Was jetzt zur Sprache kommen soll, bezieht sich auf das, was wir bereits zum Konzept eines europäischen Bürgerkriegs festgestellt haben: Auch hierbei handelt es sich um einen langen Vorgang mit Unterbrechungen, der aber als ein einziger Prozess wahrgenommen werden sollte. Es gibt andere historische Ereignisse, die sich mit diesem vergleichen lassen und die uns verstehen helfen, warum wir Kriege, die als unterschiedliche erscheinen, im Nachhinein als einen einzigen Krieg zu betrachten sollten. Ich will nur ein ziemlich bekanntes, mir aus verschiedenen Gründen geläufiges Beispiel anführen: den so genannten »Peloponnesischen Krieg«. Wir sind im fünften Jahrhundert v. Chr., und die betreffende Welt ist viel kleiner als unsere heutige: die Welt der Griechen und das Perserreich, das ihr gegenübersteht. Weil der große Historiker, der darüber geschrieben hat, dieser Ansicht war, sagt man, dieser Krieg habe 27 Jahre, von 431 bis 404 v. Chr. gedauert. Die Zeitgenossen meinten aber, er sei 421 zu Ende gewesen und einige Zeit danach habe ein anderer Krieg begonnen. Das ist also ein anderer Fall, wo zwei Kriege, die die Zeitgenossen als unterschiedliche empfanden, dem Historiker, der Abstand dazu hat, die Fakten abwägt und in die Tiefe geht, als ein einziger Krieg erscheinen.

Kommen wir nun auf unseren Ausgangspunkt zurück und stellen uns die Frage, ob tatsächlich alles damals, im Jahr 1914, angefangen hat, ob mithin die Dichter, Schriftsteller, Historiker, die aus unterschiedlichen, gewichtigen Gründen jenem Jahr eine solche Bedeutung beigemessen haben, die Implikationen der Fragestellung bis zum Ende durchschaut haben. Hierbei kommt es auf die Perspektive an, die man einnimmt. Ist zum Beispiel vom Zweiten Weltkrieg die Rede, so heißt es, er habe 1939 begonnen. Dabei wird aber die Tatsache übergangen, dass Japan schon zwei Jahre vorher China angegriffen und dass also der Krieg in Asien, der dann Teil eines einzigen Krieges wird, schon vorher begonnen hat.

In Europa war die Situation 1914 streng genommen ähnlich, wenn man die Balkankriege in Betracht zieht, die einen Teil des Kontinents in Blut tränken genau zu der Zeit, zu der dessen Rest noch im Frieden lebt. Heute verstehen wir, dass jene Episoden der so genannten Balkankriege von 1912/13 Teil eines einzigen Prozesses waren, der schließlich in den großen Konflikt münden wird, und zwar in einer der umkämpftesten Regionen des großen Krieges. Bereits das gebietet, vor jenes Jahr 1914 zurückzugehen. Außerdem kreist die gespannte Situation der Balkankriege um das

Kaiserreich Österreich-Ungarn und das Osmanische Reich sowie
um dessen Teile, die sich abgespalten haben und selbstständige
Staaten geworden sind. Diese zeigen, wie wir sehen werden, eine
Unruhe und einen Aktivismus, deren unmittelbarer Adressat das
sich in sehr schwieriger Lage befindende Osmanische Reich ist, die
sich aber unvermeidbar auch auf den großen Nachbarn Österreich-
Ungarn auswirken. Wie wir noch sehen werden, entzündet sich der
Funke, der zum Weltkrieg wird, anfangs zwischen Serbien und Österreich-Ungarn. Schlussfolgerung: die Balkankriege sind ein Vor-
läufer, wenn nicht vielleicht sogar eine erste Episode des großen
Konflikts.

Gehen wir noch einen Schritt zurück. Wir können sagen, dass
der wichtigste Protagonist an der Ostfront, das Russische Reich
– das in der Tat schon von den ersten Tagen des Konflikts an ein
sperriges Subjekt und mit seiner Mobilmachung manch einem zufolge dessen entscheidender Verursacher war – in einem äußerst
harten Krieg 1904-1905 mit Japan aneinandergeraten war. Bei diesem verlorenen Krieg hat die vom Zaren erlittene Niederlage eine
innenpolitische Entsprechung in der blutig niedergeschlagenen
Revolution von 1905. Dieser Konflikt scheint weit entfernt, wirkt
sich aber in Europa aus, im Herzen von St. Petersburg, und bringt
einige Subjekte auf die Bühne, die dann Protagonisten des Krieges
von 1914 sein werden. Mit einer interessanten Variante: der Verflechtung von offenem Krieg und Revolution, eine Verflechtung,
die 1905 in dramatischer Weise deutlich wird (der Blutsonntag, die
vom Zar befohlenen Massaker, die nachfolgende Verfassungsent-
wicklung). Die Verflechtung von Krieg und Revolution zeigt sich
also 1905 und sie zeigt sich erneut 1917, mitten im so genannten
Weltkrieg, und in diesem Fall wird sie einen anderen Ausgang haben. 1917 wird Russland zwei Revolutionen erleben, die eine im
Februar, die andere im Oktober, doch schon im Februar ist die Za-
renkrone gefallen, als das Reich zur Republik wird, aber trotzdem
noch einige Monate lang Krieg führt. Wenn man also den Blick auf

den östlichen Kriegsschauplatz und auf jenen großen Vielvölker-
staat Russland, halb Asien, halb Europa, ausweitet, dann erscheinen
der Konflikt mit Japan und die erste russische Revolution als eine
weitere Vorgeschichte, deren Spannungen in den Krieg von 1914
münden werden.

Ein großer liberaler englischer Historiker und höchst brillan-
ter Schriftsteller, Herbert Albert Fisher, hat in den 1930er Jahren
eine Passage geschrieben, worin er den Vorabend des Konflikts von
1914 umreißt. Darin macht er eine Bemerkung, die es zweifellos
verdient, erwähnt zu werden: »Am 8. Juli 1914 brach in den Fabri-
ken von St. Petersburg ein gefährlicher Streik aus. Es kam zu Barri-
kadenkämpfen, und man mochte den Eindruck gewinnen, dass in
dem Wettlauf zwischen Krieg und Revolution die Revolution zuerst
ans Ziel kommen werde« (H. A. L. Fisher, Die Geschichte Europas,
Stuttgart o. J., Bd. 2, S. 470). Diese Diagnose illustriert gut die ständige Verflechtung der beiden Phänomene.

Bisher haben wir bei der Frage, was vor dem Konflikt von 1914
passierte und woraus er entstand, das klassische Aufmarschgebiet
– manche sind der Meinung: das wichtigste –, nämlich das franzö-
sisch-deutsche, vernachlässigt. Es ist kein Geheimnis, dass die Spannung zwischen den beiden Mächten dies- und jenseits des Rheins in
der Vergangenheit eine Konstante der europäischen Geschichte gewesen ist. So ist es, könnte man sagen, seit der De-Facto-Besetzung
Deutschlands, seiner Unterwerfung durch Napoleon und der Schaffung von Satellitenstaaten, die dessen Verwandten anvertraut waren
und um das französische Kaiserreich kreisten. Diese napoleonische
Schöpfung verursacht die deutsche, vor allem preußische Reaktion
der »Befreiungskriege«, Geburtsakt eines neuen Nationalgefühls:
Ob nun tatsächlich gerade Krieg geführt wird oder nicht, sind also
der Gegensatz und die Spannung zwischen den beiden Rheinufern
eine Konstante der europäischen Geschichte.

Und es ist eine Konstante, die sich mit einem spezifischen Element der Geschichte Frankreichs verbindet, nämlich mit dem Phä-

nomen des Bonapartismus. Auch der zweite Träger dieses Namens, Napoleon III., der zweite Kaiser und Schöpfer des »Zweiten Kaiserreichs«, steht nach einer Machtpolitik mit auch weltweiten Ambitionen – man denke nur an das Abenteuer in Mexiko – gegen Deutschland. Mit diesem, zu dessen Hauptmacht inzwischen das mächtige Preußen Bismarcks geworden ist, gerät Napoleon III. 1870 in einem leichtfertig angenommenen Krieg aneinander, der mit der Schlacht von Sedan und der Gefangennahme des Kaisers der Franzosen, der den Deutschen in die Hände gefallen war, auf dramatische Weise beendet wird. Der Zusammenbruch des Zweiten Kaiserreichs und die dramatische, ihrerseits wiederum von einem revolutionären Ereignis, der Pariser Commune, begleitete Geburt einer Republik verweisen nicht nur auf die Verflechtung von Krieg und Revolution. Sie bewirken auch einen französischen Bürgerkrieg zwischen einer republikanischen Regierung und der Revolution, die sich in Paris in Gestalt der Commune konstituiert hat. Nachdem dieses Experiment im Blut der 40.000 Kommunarden erstickt ist, die im Namen der neugeborenen Republik erschossen worden sind, bleibt die Tatsache, dass der Krieg von 1870/71 Frankreich eine fürchterliche Wunde zugefügt hat: den Verlust Elsass-Lothringens und der Stadt Straßburg, die zum Deutschen Reich kommen, was in Frankreich den ständigen Wunsch nach Revanche entstehen lässt. Auch dies ist eine der tieferen Ursachen für die Spannungen, die zum Krieg von 1914 führen werden.

Von Bismarck zu Wilhelm II.

Die Feindseligkeit zwischen Frankreich und Deutschland, die so lange besteht wie der so genannte vierzigjährige Frieden, ist natürlich nicht nur auf die politisch-militärische Situation der gemeinsamen Rheingrenze beschränkt, sondern erstreckt sich weit darüber hinaus. Wir werden Episoden sehen wie die berühmte Krise von Agadir, die die beiden Mächte in eine direkte Konfrontation führen, aber sie ereignen sich auf nordafrikanischem Territorium; es handelt sich also um ein Spannungsverhältnis, das weit über den klassischen geographischen Raum der Feldzüge am Rhein hinausreicht, die dann fatalerweise über das unglückliche Belgien hereinbrachen und über die Niederlande, die immer Opfer dieser andauernden Feindseligkeit gewesen sind.

Die Spannung nimmt zu, nachdem der deutsche Kanzler Bismarck von der Bühne abgetreten ist. Warum? An dieser Stelle muss ein wenigstens summarischer Blick auf die internationalen politischen Konstellationen geworfen werden. Bismarcks »Leitstern«, so lässt sich sagen, war die Verhinderung einer französisch-russischen Allianz, weil Deutschland in der Mitte zwischen dem Russischen Reich und Frankreich liegt und somit jedes Mal, wenn sich diese beiden Staaten militärisch zusammenfanden, die Dinge für Deutschland schlecht ausgegangen sind. Bismarck – ein herausragender Staatsmann, ebenso ein Realpolitiker, der die Realität zur Kenntnis nimmt und nicht die Zeit mit seinen Träumen vertut und also auch einschätzen kann, wann er schachmatt ist – veranlasste das Sozialistengesetz und zog es dann selbst zurück, als er einsehen musste, dass es nutzlos war. Er hatte über die klassische hinaus auch eine gute historische Bildung und erinnerte sich natürlich gut an den schwärzesten Tag für Preußen, den Vertrag zwischen Napoleon und Alexander I. von Russland, den Vertrag von Tilsit von 1807, mit dem eben die französisch-russische Allianz Preußen aus dem Spiel geworfen und in einen Zustand absoluter Lähmung versetzt hatte.

Der »Leitstern« gebietet es also, niemals zuzulassen, dass eine französisch-russische Allianz zu Stande kommt. Zu diesem Zweck wählte Bismarck einen Weg, der in einem gewissen Sinn ein älteres Szenario nachstellte, den Drei-Kaiser-Pakt zwischen dem deutschen, dem russischen und dem österreichisch-ungarischen Kaiser.

Es war eine – wenn wir die Dinge vereinfachen wollen – aktua-
lisierte Version der »Heiligen Allianz«. Sie war von Alexander I.
angeregt und von den anderen Beteiligten – wenn auch mit einiger
Unschlüssigkeit – akzeptiert worden. Im Gefolge des Wiener Kon-
gresses 1815 hatte sie den antifranzösischen Zusammenhalt dieser
drei Großmächte gefestigt, um eine Wiederholung, in welcher Form
auch immer, von Bonapartes Experiment eines französischen Im-
periums mit europäischer, imperialer und kontinentaler Ambition
zu verhindern. Solange er im Amt war, war Bismarck der wirkliche
Architekt der deutschen Politik, und der Kaiser, der in den ersten
Jahren mit ihm regierte, ließ ihm freie Hand. Er erlaubte es ihm
somit, diese intelligente Politik zu betreiben, die sich zu einem bestimmten Zeitpunkt auch auf ein anderes Schachbrett ausdehnte,
nämlich auf Italien. Der Drei-Kaiser-Pakt, ein diplomatisches Meisterstück, wurde später tatsächlich mit einem anderen Dreierpakt
verbunden, diesmal zwischen Deutschland, Österreich und Italien.
Das Königreich Italien wurde im wesentlichen durch die Geschick-
lichkeit Bismarcks in diesen Dreibund einbezogen. Er war im übrigen während des bei uns in Italien so genannten Dritten Unabhän-
gigkeitskriegs, der zur Befreiung Venetiens führte, auch der Urheber
eines echten Fortschritts des italienischen Risorgimento. Die Politik
à la Bismarck endet mit dem Abgang dieses »eisernen Kanzlers«
von der politischen Bühne.

Was Bismarck nicht, oder allenfalls zum Teil, hätte voraussehen
können, war die Schwierigkeit, mit dem neuen Kaiser, Wilhelm II.,
zusammen zu regieren. Mit den 90er Jahren des 19. Jahrhunderts
und mit der Thronbesteigung des jungen Souveräns wandelt sich
die Szene radikal. Nicht weil Wilhelm II. nicht an Bismarcks Politik glaubt, sondern weil er denkt, als Kaiser könne und müsse er
selber Politik machen. Über die Person Wilhelms II. gibt es eine
Unmenge an Literatur und auch eine dicke Schicht an Polemik. Es
ist nicht einfach, unvoreingenommen die Persönlichkeit jenes im
übrigen alles andere als sympathischen Herrschers zu rekonstru-

ieren. Aber zweifellos wirkt sich der karikaturenhafte Aspekt, der auf seinem Bild lastet, noch immer störend auf die historische Forschung aus. Es ist noch immer in gewisser Weise schwierig, über dieses Problem zu sprechen, obwohl sich das alles doch gründlich abgekühlt haben sollte. In der italienischen Geschichtsschreibung zu diesem Thema hatte die Tatsache ein gewisses Gewicht, dass man, da sich Italien auf nicht gerade elegante Art aus dem Dreibund gelöst hatte, seitens der Publizistik, aber auch der historiographischen Darstellung die deutsche Schuld hervorheben wollte, die diesen Rückzug Italiens aus dem Bündnis und unseren Wechsel der Fronten vom Mai 1915 unvermeidbar gemacht hätten. Zu den Ingredienzien, die dieses Bild überzeugend machen sollen, gehören – neben der Verbohrtheit Österreichs, das im Gegenzug zur italienischen Neutralität keine territorialen Konzessionen machen will – die halbe Verrücktheit, die überschießende Herrschsucht und der unberechenbare Charakter Wilhelms II., unter dem Strich also ein Wilhelm als Karikatur.

Gewiss mochte sein Charakter auch solche Züge aufweisen. Aber in solchen Begriffen darf die Frage wohl nicht gestellt werden. Man muss das Problem, was Wilhelm II. wirklich vorhatte und wie er vorgehen wollte, ernsthafter angehen. Kurz gesagt, ein unbestreitbarer Zug bei Wilhelm II. war die Modernisierung. Er war ein beachtlicher Neuerer. Jeder Mensch ist ein Mensch seiner Zeit: Bismarck war ein Mann des 19. Jahrhunderts und hat sich von frühester Jugend an im Gegensatz zur Revolution von 1848 entwickelt, er war ein Mann des ausgehenden Jahrhunderts; Wilhelm war ein Mann des neuen Jahrhunderts, ein Mann der imperialen Konflikte, der charismatischen Macht, der Kämpfe gegen Parlamente und demokratische Bewegungen. Er war jedoch auch ein Modernisierer, nicht nur in der Militärtechnik – mit der großen Kriegsflotte etwa, die Deutschland bald bauen wird, um der Vorherrschaft Englands über die Meere entgegenzutreten –, sondern auch auf einem ganz anderen Gebiet, dem der Schulorganisation nämlich.

Wilhelm II. hat im Jahr 1900 eine Konferenz zum Schulwesen
einberufen, die ihm viel bedeutete und in die er die Spitzen der Aka-
demie, der Universität, die »Mandarine« des höheren Bildungssek-
tors einbezog. Mit dieser »Schulkonferenz« vom Jahr 1900 – einem
gewissermaßen symbolischen Jahr – hat er erreicht, dass die Lehr-
inhalte der tragenden Schule des Kaiserreichs, des humanistischen
Gymnasiums, in dem die Führungsschichten ausgebildet wurden,
modernisiert wurden. Er hat das Erlernen der modernen Sprachen
zulasten des Griechischen verstärkt, den Griechischunterricht reduziert und das Fach Englisch ausgebaut. Eine von ihm überlieferte
Bemerkung bei einem ähnlichen Anlass, der Vorgängerkonferenz
von 1890, lautete: »Wir wollen nationale junge Deutsche erziehen
und nicht junge Griechen und Römer.« Deshalb müsse die Schule
Fächer und Inhalte bieten, die auf der Höhe der Zeit seien, und den
Blick nicht nur starr auf die Vergangenheit richten.

Für den Druck von Kräften hinter den Kulissen, die so genannten Pressure Groups, die auf der deutschen Bühne ziemlich präsent
waren, war Wilhelm II. sehr empfänglich. Sie wandten sich häufig
direkt an ihn oder sprachen ihn sonstwie an. Es ließen sich etliche
aufzählen – am bekanntesten war der so genannte »Alldeutsche Ver-
band«. Er verkörperte eine Bewegung, die explizit auf eine imperia-
le Expansion drängte, und zwar nicht nur in Europa. Europa war
ein bereits von konkurrierenden Mächten besetzter Raum, deren
Gleichgewicht nur durch unberechenbare Konflikte auszuhebeln
war. Und doch waren die Alldeutschen auch hier auf territoriale
Ansprüche aus: zum Beispiel im Westen, wo sich die Bergbaure-
viere Belgiens befinden, die von Deutschland oder – besser – von
diesen kriegstreiberischen Kreisen als »deutsch« betrachtet wurden.
Von einem Krieg versprachen sie sich eine Revision der Grenzen,
die diese Gebiete dem Reich einverleiben würde – Bergwerke sind
Stützpfeiler der Industrie und somit auch der Rüstungsindustrie.
Auf der anderen Seite war das permanente Spannungsverhältnis mit
dem Russischen Reich. Schon der alte Tacitus, der römische Histo-

riker, sagte, die einzige Grenze zwischen Germanen und Sarmaten, sprich zwischen Deutschen und Russen, sei die gegenseitige Angst, der *mutuus metus.* Tatsächlich hat es hier nie eine klare Abgrenzung gegeben, besonders seit Polen nicht mehr existierte und zwischen Deutschland und dem Russischen Reich aufgeteilt war. Auch in dieser Richtung ist man auf einen Vorstoß aus, um das beängstigende Imperium des Ostens zurückzudrängen.

Und dann sind da natürlich noch die Kolonien. Deutschland, als Letzter zur kolonialen Aufteilung der Welt gekommen, verlangt eine Beute, will einen Anteil auf fatalerweise zwei Schauplätzen, dem afrikanischen und dem mittelöstlichen. Die Eisenbahn, die Deutschland in den Mittleren Osten bauen will, geht vom Herzen des Reichs aus und führt bis nach Bagdad, die berühmte »Bagdadbahn«, für die es eigens eine Gesellschaft gibt. Diese Eisenbahn ist ein sehr deutliches Signal dafür, dass Deutschland auch den Mittleren Osten bis zum heutigen Irak als sein Interessengebiet betrachtet: auf klarem Kollisionskurs mit England, das stark im Iran präsent und augenscheinlich am fortschreitenden Verfall des Osmanischen Reiches, dem großen Kranken, dessen Reste die Großmächte unter sich aufteilen wollen, interessiert ist.

Ein ähnliches Interesse haben die genannten alldeutschen Kreise in Bezug auf das große Afrika, vor allem auf Äquatorialafrika, wo die Aufteilung zwischen England und Frankreich noch nicht abgeschlossen und zumindest Frankreich deshalb zu Konzessionen bereit ist.

Soweit zu den Pressure Groups, die sich um die Führungsschicht herum gebildet haben, um den Hof, um die Oberste Heeresleitung und um den Kaiser. Selbstverständlich haben diese Kreise auch einen inneren Feind, den schon Bismarck gehabt hatte: die deutsche Sozialdemokratie, die große deutsche Arbeiterbewegung, die mithilfe eines beständigen Kampfes mit parlamentarischen und gewerkschaftlichen Mitteln und eines Kampfes um Wählerstimmen enorme Dimensionen erreicht hatte und somit eine beachtliche soziale

Verwurzelung und vor allem eine beträchtliche Parlamentspräsenz. Im Jahr 1912 fanden die schon erwähnten Wahlen zum Reichstag, dem Parlament des Kaiserreichs, statt. Die sozialdemokratische Partei bekommt mehr als 4 Millionen Stimmen – es wählten natürlich nur Männer, das Frauenwahlrecht wird erst nach dem Weltkrieg durch die Revolution eingeführt – und 110 Abgeordnetenmandate. Es kommt – einige Jahre zuvor noch undenkbar – sogar dazu, dass ein glorreicher und berühmter Führer der deutschen Sozialdemokratie als Präsident des Reichstags kandidiert und dieses Amt nur um wenige Stimmen verfehlt. Die Angelegenheit erregt Aufsehen, weil der Präsident des Reichstags ein Verfassungsorgan ist. Im schlimmsten Falle hätte der Kaiser bei delikaten Verfassungsfragen also nicht die üblichen Figuren der konservativen Partei oder sogar der extremen Rechten vor sich gehabt, sondern einen Sozialisten. Es ist dieser unaufhaltsame Aufstieg der sozialistischen Bewegung innerhalb des Kaiserreichs, der die revanchistischen und imperialistischen Kreise des Pangermanismus in Alarm versetzt; und es ist klar, dass dies einen weiteren Konflikt markiert und für Wilhelm eine zweite Front schafft, an der er sich festlegen muss.

Demokratien gegen Autokratien?

Wir haben bereits erwähnt, dass der Kronprinz von einem antisozialistischen Putsch träumte, wenige Monate nach dem für die Konservativen so erschütternden Ergebnis der Reichstagswahlen von 1912 mit dem großen Wahlerfolg der Sozialisten und ihrer demzufolge starken Vertretung im Parlament. Beides, Wahlerfolg und parlamentarische Stärke, geht nicht notwendigerweise Hand in Hand. Auf diesem Punkt zu insistieren, ist insofern begründet, als ein Wahlrecht ohne Verhältniswahl häufig eine isolierte politische Kraft, die keine Möglichkeit hat, sich einem Wahlbündnis anzuschließen, in schlimmer Weise benachteiligen kann. Als Oppositionspartei par excellence befinden sich die Sozialisten tendenziell in einer solchen Isolation. Sie können somit, wie groß ihr Stimmenzuwachs auch sein mag, bei der Sitzverteilung viel zu kurz kommen, was fast immer der Fall war. In Wahlkreisen, in denen sie zwar die stärkste Kraft, aber nicht die Mehrheit sind, verlieren sie alles, während ihre Gegner sich tendenziell zusammenschließen und folglich das meiste bekommen – so war es auch in Italien, im Frankreich der Dritten Republik und, mehr als anderswo, in England. Bei den Wahlen von 1912 haben die deutschen Sozialisten dagegen auch die Möglichkeit, eine Art Bündnis mit der Demokratischen Partei einzugehen, und damit größere Chancen. Dies versetzt, wie gesagt, einen Teil der Führungsschicht und des Hofes in Alarmstimmung, bis hin zum »extremen« Fall des Kronprinzen.

Diese Aspekte der deutschen Innenpolitik gehören durchaus zu unserem Thema. Angefangen bei den Wahlgesetzen, werden die innenpolitischen Fragen Teil der Kontroverse sein, die im Lauf des Weltkriegs aufbrach und schließlich, als der Krieg für Deutschland verloren war, sogar zur *conditio sine qua non* für die Einigung über einen Waffenstillstand. Es ist an dieser Stelle also notwendig, die politisch-wahlrechtliche und die parlamentarische Struktur des Deutschen Reichs in diesen Jahren zu klären.

Das Deutsche Reich ist ein Bundesstaat; es gibt das Königreich Preußen, den größten, stärksten und mächtigsten Bruder dieser großen Föderation. Das Königreich Preußen ist in gewissem Sinne das Kerngebiet, von dem aus der nationale deutsche Wiederaufstieg, schon zu Napoleons Zeit, seinen Anfang genommen hat, und es ist auch der Hauptakteur bei der Wiedergeburt Deutschlands in der Bismarck-Ära und der Sieger im Krieg gegen Frankreich von 1870. Das Deutsche Reich wird von Bismarck nach der französischen Niederlage in Versailles ausgerufen und konstituiert sich, nach dem Triumph von Sedan mit dem Stiefel im Nacken Frankreichs, auf föderaler Basis. Neben Preußen gibt es das Königreich Sachsen, das

Königreich Bayern, das Königreich Württemberg oder das Groß-
herzogtum Baden, sie und alle anderen jeweils mit eigener staat-
licher Struktur, eigenem Parlament und eigenem Herrscher; der
König von Preußen ist aber zugleich Deutscher Kaiser. Die breite
Akzeptanz der Vormacht Preußens über die gesamte Föderation er-
gibt sich aus eben dieser Personalunion, der Vereinigung der Rolle
des Königs von Preußen und der des Deutschen Kaisers in der Person des Souveräns.

Das bedeutet, dass neben dem Parlament des Reichs, dem
Reichstag also, für das die Sozialisten mit großem Erfolg kandi-
dieren, ein zweites, möglicherweise auch wichtigeres Parlament
existiert: der Preußische Landtag. Dieses Preußische Gesamtparla-
ment bestand aus zwei Kammern, dem Herren- und dem Abgeordnetenhaus. Während dem Herrenhaus als »Oberhaus« und erster
Kammer nur allesamt nicht gewählte, sondern vom König ernannte
oder über einen erblichen Sitz verfügende Mitglieder angehörten,
kam das Abgeordnetenhaus, die zweite Kammer, nach einem völlig
anderen Wahlrecht zu Stande als der Reichstag, nämlich nicht nur
nach einem Mehrheitswahlrecht, sondern auch durch eine zudem
indirekte Wahl nach Steuerklassen. Die Quoten, die die einzelnen
Klassen im Abgeordnetenhaus erreichen konnten, waren im Sinne
eines Dreiklassenwahlrechts vorgegeben: Ein Drittel war den Groß-
grundbesitzern reserviert, den Junkern, ein Drittel der hohen Be-
amtenschaft und den Spitzen des Militärs und das letzte Drittel allen
anderen, so dass diese stets in der Minderheit blieben, wie groß
die Wählerschaft der Parteien, vor allem der nicht regierenden wie
Zentrum und Sozialisten, auch immer war. Die höhere Kammer,
das Herrenhaus, war der Ort, wo sich das Schicksal des Landes im
Grunde entschied, weil sie unmittelbar den Hof und die herrschenden Gruppen widerspiegelte und vor jeglicher Wahlüberraschung
geschützt war.

Damit wird deutlich, dass die Beantwortung der Frage, die
während des Krieges immer wieder aufkommen wird, welche Re-

gierungsform in Deutschland in den Vorkriegs- und Kriegsjahren
herrschte, differenziert werden muss. Zweifellos hat Deutschland,
was den Reichstag angeht, eine moderne Struktur und war unter
den allerersten, die das allgemeinen Wahlrecht für Männer einführ-
ten – ein Recht, das es andernorts nicht gab. Doch wurde dieser
große Erfolg, den der demokratische Druck errungen hat, ein zen-
trales Parlament mit bedeutender Vertretung aller politischen Kräfte, gleichsam gedämpft oder gar seines Inhalts beraubt durch die
substantielle Vorherrschaft der traditionellen Führungsschichten,
die im Preußischen Landtag unangefochten bestimmen.

Während des Krieges behauptete eine erfolgreiche Propaganda,
es gehe um einen Kampf der Demokratien gegen die Autokratien
– wobei unter Demokratien Frankreich und England, unter Autokratien Deutschland und Österreich-Ungarn zu verstehen waren.
Interessanterweise wurde Italien nicht einmal erwähnt, doch das
hängt mit verschiedenen Dingen zusammen, so mit der Tatsache,
dass Italien ein Jahr lang neutral blieb, bevor es das Lager wechsel-
te. Italien überhaupt als Demokratie zu bezeichnen, war bestimmt
nicht ganz einfach, nicht einmal im Vergleich speziell mit der Dritten Republik in Frankreich.

Das Lehrgebäude trägt trotzdem nicht, wiewohl sich diese gän-
gige Formulierung noch immer in dem einen oder anderen Buch,
sogar in diesem oder jenem historischen Handbuch finden lässt. Es
trägt allein schon deshalb nicht, weil an der Seite der französisch-
englischen Entente das zaristische Russland steht. Und über diesen
Pfeiler der Koalition, die gegen die Mittelmächte kämpft, kann man
alles mögliche sagen, aber wohl kaum, dass es eine »Demokratie«
gewesen sei.

Aus all diesen Gründen ist die genannte schematische Darstellung deutlich ein Propagandaprodukt, als solches jedoch interessant, weil Propaganda an sich interessant ist, solange man nur weiß,
dass sie falsch ist.

Was die Entgegenstellung angeht, so vereinfacht sie die Dinge stark, weil in Wirklichkeit die Gewichte im Inneren des Deutschen Reichs sehr austariert waren. Wie mächtig die herrschenden, vor allem die militärisch-industriellen und traditionell aristokratisch-konservativen Klassen unbestreitbar auch waren, so hatte doch andererseits kein anderes europäisches Land eine so organisierte und starke Arbeiter- und Gewerkschaftsbewegung wie Deutschland. Und so gewiss der Reichstag ein Ort war, an dem vorwiegend nur politisch diskutiert wurde, so wichtig war es andererseits für die Kräfte der Opposition doch, eine derart zentrale Bühne zu haben, von der aus sie der ganzen Nation ihre Vorstellungen vortragen konnten. Das Urteil muss also ausgewogen sein, nicht grob und schematisch.

Es bleibt jedoch die Tatsache – und dies betrifft allerdings nicht nur Deutschland –, dass mit der Zuspitzung und Verschärfung des Konflikts die verschiedenen politischen Freiheiten überall eingeschränkt wurden. Während des Kriegs finden keine Wahlen statt, in Deutschland wird die Macht der Obersten Heeresleitung immer drückender, bis hin zu einer regelrechten Militärdiktatur, zu der es dann später, in den letzten beiden Kriegsjahren, kommt.

Da unsere Geschichte, wie eingangs erwähnt, lange vor dem kennzeichnenden Datum, das wir uns ausgesucht haben, beginnt und weit darüber hinausgeht, muss auch daran erinnert werden, dass ein Gründervater des deutschen Sozialismus und Kampfgenosse von Marx, Friedrich Engels nämlich, in seinen letzten Lebensjahren als geachteter Schirmherr der europäischen und speziell der deutschen Arbeiterbewegung nicht nur ein Plädoyer für die Bedeutung des Wahlkampfs als Vehikel für deren Erfolg abgegeben hat. Er hat auch angemerkt, dass selbige Struktur Deutschlands mit ihrer wichtigen Rolle der Armee sich als günstiges Element bei einer demokratischen Umgestaltung des Landes erweisen könne. Engels bemerkte, jeder vierte Wähler wähle sozialistisch, ein Wähler sei aber auch Soldat, was bedeute, dass auch jeder vierte Soldat im Deutschen Reich Sozialist sei. Folglich wird, wenn diese Bewegung so weitergeht wie seit zehn bis fünfzehn Jahren, wahrscheinlich der Moment kommen, wo die Armee als tragende Struktur des Landes von innen her von progressiven oder offen sozialistischen Kräften erobert wird.

Es war also eine strahlende Zukunft, die der alte Engels 1893 bis 1895 für die Entwicklung seines Landes voraussah. Naiv allerdings, denn die Kehrseite des Problems war die Härte der preußischen Disziplin, die *elementare* Zurichtung des Soldaten zum Untertanen. Der junge Mann trat in die Armee ein und ging aus ihr hervor als Knecht einer Höllenmaschine. Berühmte Zeilen hat dazu ein Reichstagsabgeordneter geschrieben, der junge Karl Liebknecht, der in den Jahren, über die wir hier reden, eine wichtige Rolle spielte. Karl Liebknecht, später Mitbegründer der Spartakus-Bewegung, hat die Auswirkungen der Militärdisziplin bei der Umbildung des Charakters, der Dressur und dem »Brechen des Rückgrats« derjenigen beschrieben, die durch diesen mörderischen, Menschen verschlingenden Fleischwolf gedreht wurden, der Unterwerfung erzwingt. Alles in allem war der alte Engels schließlich ein Mann des 19. Jahrhunderts und hat vermutlich nicht verstehen können, was da mit dem neuen kaiserlichen Deutschland entstanden war.

Übrigens taucht in den Sätzen, die der alte Engels schreibt, wenn er über die Politik seiner Zeit nachdenkt, auch ein bestimmtes Element wieder auf, das charakteristisch ist für die – nicht nur demokratische – deutsche Kultur, nämlich eine Art Russenphobie, eine Feindschaft gegenüber der russischen Welt, die als geographischer Ort der Autokratie angesehen wird. Deshalb entsteht auch in Engels' Denken – ich zitiere ihn hier als den zu dieser Zeit bedeutendsten Vertreter des deutschen Sozialismus – Mitte der 90er Jahre die Idee, dass, wenn es einen Krieg gegen Russland gäbe, *ganz* Deutschland am Kampf teilnähme, auch die Sozialisten. Engels geht selbst so weit und sagt: »Wenn man uns dazu zwingt, kann es kommen, dass die deutschen Arbeiter von 1893 der Sanskulotten von damals nicht unwürdig sind«. Das meint den Zusammenschluss aller, um die reaktionäre Koalition zurückzuschlagen.

Diese Vorstellung, über die sich ihrer grundsätzlichen Falschheit wegen nachzudenken lohnt, hilft uns zu verstehen, wie sich beim Ausbruch der Krise vom Juli 1914 das Verhalten der deutschen Sozialisten als der stärksten Kraft, die sich dem Krieg hätte entgegenstellen müssen, entwickeln sollte.

Licht und Schatten mischen sich also im Bild des Hauptakteurs dieses schrecklichen Konflikts, des Deutschen Reichs. Licht und Schatten vielleicht aber auch bei den anderen Beteiligten: Waren das wirklich Demokratien? Wir kommen noch einmal auf das Thema zurück, das sich die Kriegspropaganda zu Eigen machen wird. Eine solche »optimistische« Definition der Länder, die Deutschland in diesem Konflikt gegenüberstehen, verdient einige Retuschen; natürlich geht es weder um drastische Negierung, noch um ekstatische Zustimmung, sondern darum zu verstehen – worauf es schließlich bei jeder Geschichtsbetrachtung ankommt.

Beginnen wir mit England, das im übrigen bei Beginn der Krise lange unsicher war, wessen Partei es ergreifen, für welche Seite es sich entscheiden solle. England verfügt über ein Wahlsystem, in dem es kein allgemeines Wahlrecht gibt. In England kann wählen, wer entweder ein Haus besitzt oder über einen Mietvertrag für ein Haus verfügt, die anderen nicht. Das schließt eine beträchtliche Anzahl von Personen aus, die nicht zur Kategorie der anerkannten Mieter oder Hausbesitzer zählen. Natürlich kann man sagen, dass die englische politische Gepflogenheit seit mindestens zwei Jahrhunderten völlig liberal ausgerichtet war. Aber diese Praxis koexistiert in der politischen und sozialen Struktur Großbritanniens mit einem fundamentalen Konservatismus, demzufolge – wie ein sehr geistreicher indischer Historiker namens Panikkar anmerkt – der Begriff Demokratie noch Ende des 19. Jahrhunderts im britischen politischen Sprachgebrauch ganz und gar nicht gerne gehört wurde. Das *Ancien Régime* ist in Großbritannien erst in den Tagen nach dem Ersten Weltkrieg zu Ende, als Labour es endlich schafft, eine parlamentarische Mehrheit zu erringen und an die Regierung zu kommen.

Das zweite starke Hindernis für demokratische Mechanismen in England liegt im Wahlrecht, einem rigorosen Mehrheitswahlrecht mit Ein-Mann-Wahlkreisen, das die Repräsentanz der Opposition jedes Mal annulliert, wenn sie nur eine, und sei es noch so starke, Minderheit ist. Selbst eine solche starke Minderheit findet also keinerlei Vertretung. Es war schon ein langer Kampf gewesen, die Wahlkreise in gleichgewichtige Einheiten zu verwandeln, die *Rotten Boroughs* abzuschaffen, ländliche Bezirke nämlich mit wenigen Wählern, die aber gleich viele Abgeordnete ins Unterhaus schickten wie die stark bevölkerten städtischen Wahlkreise mit ihrem hohen Arbeiteranteil.

Nun zum Frankreich der Dritten Republik. Es wird für gewöhnlich als das fortschrittlichste Land der fraglichen Zeit bezeichnet, unter anderem deshalb, weil es unter den kriegführenden Ländern die einzige Republik ist. England ist Königreich, Italien auch, Deutschland und Österreich-Ungarn sind Kaiserreiche so wie Russland. Die französische »Dritte Republik«, getauft mit dem Blut der Commune, geboren aus dem Massaker an den Revolutionären in Paris, lief anfangs, solange Mac-Mahon Präsident war, Gefahr, wieder zur Monarchie zu werden. Ihre Verfassung stammt aus dem Jahr 1875. Sie ist ein Kompromiss zwischen verschiedenen Kräften, modifiziert sich durch Zusatzbestimmungen und hat vom Zweiten Kaiserreich ein Mehrheitswahlrecht mit Ein-Mann-Wahlkreisen übernommen, wodurch das allgemeine Wahlrecht rigoros eingeschränkt wird. Dazu gesellen sich Korruption, politische Cliquenwirtschaft, das Gewicht der Honoratioren – alles Erbschaften des Zweiten Kaiserreichs, wo die Bürgermeister die Wähler noch direkt zum Wahllokal begleiteten, um sie zu kontrollieren.

Nichtsdestoweniger ist Frankreich in diesem Krieg dasjenige Land, in dem die Propaganda über die gegensätzlichen Modelle, Demokratie *versus* Aristokratie, mit Blick auf den Gegner jenseits des Rheins besonders hitzig ist.

Und schließlich Italien, wo erst Giolitti im Jahr 1912 das Wahlrecht so erweitert hat, dass es fast allgemein wurde, freilich noch unter Ausschluss einer Reihe von Altersgruppen. Jene Wähler nämlich, die bis zum 30. Lebensjahr nicht ihren Militärdienst geleistet haben, sind vom Wahlrecht ausgeschlossen. Zwar fallen Ausschlussbestimmungen wie Zensus oder Analphabetismus weg, dafür kommen aber andere dazu; ein echtes allgemeines Wahlrecht für Männer gibt es in Italien erst 1919, nach dem Krieg also. Obendrein ist Italien ein tief gespaltenes Land: Im Süden bedient sich der Giolittismus übelster Klientelwirtschaft verbrecherischen und maffiosen Charakters. Der große Kenner des Südens und Historiker Gaetano Salvemini schleuderte Giolitti ein berühmtes Pamphlet entgegen, in dem er diesen als den »Minister der Unterwelt« bezeichnete; Salvemini selbst war Opfer der vom Giolittismus im Mezzogiorno gepäppelten politischen Unterwelt geworden. Somit war Italien gewiss kein Modell für Demokratie, das der politischen Realität Deutschlands hätte entgegengehalten werden können, und auch nicht derjenigen Österreich-Ungarns, wo es sich in einigen Landesteilen gerade als notwendig zu erweisen begann, Gesetze zur Verhältniswahl einzuführen.

So sah also unter politischen Merkmalen das Bild der kriegführenden Länder – von Russland war ja schon die Rede – aus. Doch was im Feuer der Polemik hervorgehoben wurde, war nur der unbestreitbar autoritäre Aspekt des Deutschen Reichs und seiner herrschenden Klassen.

Die »Daily-Telegraph-Affäre«

Man schlittert immer mehr in den Krieg hinein. Wir erinnern nun an einige Ereignisse, die ihn vorbereitet haben oder gewissermaßen ein Vorgefecht waren. Hierfür kommen wir auf eine Persönlichkeit zurück, die wir mit ihren Licht- und Schattenseiten bereits erwähnt haben, nämlich Kaiser Wilhelm II. Er ist 1908 Protagonist eines großes Aufsehen erregenden Zwischenfalls im Zusammenhang mit England. Er ist Enkel der englischen Königin Victoria, diesem Land also in gewissem Sinn verbunden auch durch solche »besonderen Beziehungen«, wie der »Onkel Graf« in Alessandro Manzonis »Brautleuten« sagt, und schaut in der Tat mit gemischten Gefühlen auf England. Einerseits ist da der Wunsch, dieser größten Weltmacht nachzueifern – England ist damals das führende Land, hat nicht nur die größte Handels-, sondern auch die größte Kriegsflotte, besitzt ein riesiges Kolonialreich von Asien bis Afrika, ein Imperium, zusammengehalten von einer unschlagbaren Kolonialpolitik, die Repression mit Kooptation verbindet. Und doch ist da neben diesem Gefühl des Neides auf eine derart überragende und so viel besser ausgestattete Macht auch eine echte Sympathie. Vergessen wir nicht, dass es der Kaiser ist, der den Gymnasien den Englischunterricht vorschreibt, weil er moderne Deutsche heranbilden will. Und wahrscheinlich ist in seinem Kopf eine Allianz mit England ein strategisches Ziel, das ihm eventuell die kontinentale Überlegenheit gegenüber Russland und Frankreich garantieren kann. Schauen wir nun, was das für ein Zwischenfall war, zu dem er sich 1908 hinreißen ließ.

Um seine Sympathie für England zu demonstrieren, gewährt er der großen englischen Zeitung »Daily Telegraph« ein langes Gespräch, das von deren Korrespondent dann zu einem zusammenhängenden Bericht zusammengefasst wurde. Dieser Artikel, der in mehreren Folgen erschien, entwickelte verschiedene Betrachtungen, die – so meinte jedenfalls Wilhelm – den Engländern und speziell der englischen Regierung gefallen würden. Darin versicherte er, die deutsche Flotte sei nicht gegen England gerichtet, sondern gegen Japan. Deutschland war damals in China präsent, es hatte allenfalls einen Flickenteppich an Kolonien, was sein größter Kummer und möglicherweise einer der tieferen Gründe für den Kriegsausbruch war. Aber Deutschland hatte sozusagen einen Vorposten in China, und offensichtlich galt Japan als die Großmacht, die ihm im Fernen Osten entgegenstand. Folglich sei, so Wilhelm, die große Kriegsflotte, die Deutschland Anfang des 20. Jahrhunderts in raschem Tempo aufbaute und die im großen Hafen von Kiel stationiert war und England so in Alarm versetzte, nicht gegen dieses Land gerichtet. Im Gegenteil, fügte der Kaiser hinzu, als während des Burenkriegs in Südafrika Russland und Frankreich sich an Deutschland wandten, um gemeinsam gegen England vorzugehen, habe er diesen Vorschlag abgelehnt und die Königin Victoria in einem Brief über die ganze Angelegenheit informiert. Und als sich das englische Heer in Südafrika in einer brenzligen Situation befunden habe, habe er, um den Engländern zu helfen, zusammen mit seinem Generalstab einen Kriegsplan ausgearbeitet, wie die Buren in bestmöglicher Weise bekämpft werden könnten. Dieser Plan sei an London geschickt worden und habe im Großen und Ganzen den Operationen entsprochen, die Lord Roberts dann tatsächlich bis zum Sieg über die Buren durchführte.

Bevor Wilhelm diesen Text der Zeitung zurückschickte, leitete er ihn an seinen Reichskanzler, den Fürsten von Bülow, weiter und bat diesen, ihn anzuschauen und zu prüfen, ob es darin etwas Unpassendes gäbe. Haben sie mit Zeitungen zu tun, dann begehen führende Politiker schon auch einmal Dummheiten. Sei es, dass er dem Kaiser gegenüber absolute Ehrerbietung empfand, anderes zu tun hatte oder aber den Diplomaten mehr Urteilsvermögen zutraute, jedenfalls leitete der Fürst von Bülow seinerseits den Text ans Auswärtige Amt weiter.

Aus dem Auswärtigen Amt hieß es, der Text sei vorzüglich. So wurde er veröffentlicht und verursachte einen heftigen diplomatischen Zwischenfall. Warum? Zunächst, weil unter der Hand Japan bedroht wurde, ohne dass es einen konkreten Grund oder in jüngerer Zeit einen Zusammenstoß gegeben hätte. Dass der Kaiser aller Deutschen erklärte, die bedrohliche deutsche Kriegsflotte sei gegen Japan gerichtet, ist allein schon ein schwerer diplomatischer Zwischenfall. Zweites katastrophales Moment dieses segensreichen Interviews bzw. Artikels ist die darin gebotene wirklich gravierende Enthüllung – mag es so gewesen sein oder nicht (die diplomatischen Archive sind noch immer nur halb geöffnet) –, dass Frankreich und Russland während des Burenkriegs bei den Deutschen Schritte unternommen hätten, um England einen Schlag zu versetzen. Folglich brachte der Artikel Frankreich wie Russland gegenüber England in Verlegenheit, eröffnete er doch, dass diese nichts Geringeres getan hätten, als Deutschland gegen England aufzuhetzen, während demgegenüber der Kaiser sich herausgehalten habe.

Der dritte Punkt, noch paradoxer, wenn wir so wollen, ist des Kaisers Behauptung, er habe quasi den Burenkrieg gewonnen, indem er den siegreichen Kriegsplan entworfen und den Engländern habe zukommen lassen. Diese hätten den Plan dann realisiert und dadurch den Krieg für sich entschieden, was nicht der Wahrheit entspricht. Denn es hatte sich allenfalls um so etwas wie einen Kommentar gehandelt, den Wilhelm mit seinem Generalstab verfertigt und den Engländern übermittelt hatte. Damit waren aber gewiss nicht die Aktionslinien des britischen Oberkommandos in dieser sehr harten Auseinandersetzung, die der Burenkrieg darstellte, beeinflusst worden.

Natürlich konnte ein derartiger Zwischenfall nicht unbeachtet bleiben. Und so kam es, dass die deutsche Regierung erklären musste, auf deutscher Seite gebe es die größte Sympathie für den großen englischen Nachbarn, und der Kaiser habe diesen in keiner Weise vor den Kopf stoßen und noch viel weniger andere Länder kompromittieren wollen: ein Rückzug, der Spuren hinterließ. Im folgenden Jahr wurde Bülow entlassen, als sei quasi er verantwortlich für diesen so gefährlich aggressiven Artikel. Auf Bülow folgte Bethmann Hollweg, der dann zum Kanzler des Krieges wurde.

Koloniale Raumaufteilung
und Balkankriege

Die »Daily-Telegraph-Affäre« war in Wirklichkeit nur ein Vorge-
plänkel. Eine noch gravierendere Episode ereignete sich etwas über
zwei Jahre später, 1911, mit dem so genannten *Panthersprung nach
Agadir.* Agadir ist eine Hafenstadt im Süden Marokkos. Es passierte
folgendes: Ein französischer Kreuzer lief die Stadt an, um die französische Hoheitsgewalt über dieses Gebiet zu bekräftigen. Deutschland reagierte sofort, indem es auf persönlichen Befehl Wilhelms II.
ein Kanonenboot, die Panther, losschickte, das durch seine Anwe-
senheit Warnung und Protest gegen die Ausweitung der französischen Besatzung Marokkos ins Landesinnere hinein ausdrücken
sollte. Das marokkanische Binnenland war noch nicht unter französischer Kontrolle, und es gab dort fast ständig Aufstände. Sie waren
der Grund bzw. der Vorwand für die französische Intervention.

Deutschland vertrat dagegen die Ansicht, die Aufstände seien
von den Franzosen provoziert worden, um eine Begründung für die
Ausdehnung ihres Einflusses auch auf das marokkanische Landesinnere und damit über die Gebiete hinaus zu liefern, die Frankreich
durch die so genannte Algeciras-Akte von 1906 zur Beilegung eines
vorangegangenen Konflikts ebenfalls um Marokko zugestanden
worden waren. Frankreich seinerseits hielt dagegen, die Erhebun-
gen seien von deutschen Agenten angezettelt, die eine Situation
provozieren wollten, durch die eine Revision des Abkommens von
Algeciras erzwungen werde, um also den deutschen Imperialismus
zu begünstigen, der gerade in Afrika Fuß zu fassen versuchte.

Der »Panthersprung nach Agadir« hielt einige Wochen lang
sämtliche europäischen Staatskanzleien in Atem. Es schien, als werde jeden Augenblick ein Krieg zwischen Frankreich und Deutschland ausbrechen. Stattdessen gab es intensive diplomatische Aktivi-
täten und Verhandlungen, die sich mit Höhen und Tiefen bis 1912

hinzogen und folgende Vereinbarung hervorbrachten: Marokko wird französisches Protektorat, im Gegenzug überlässt Frankreich dem Deutschen Reich Kolonien in Äquatorialafrika. Das ist eindeutig ein Pluspunkt für Deutschland, auch wenn das Gebiet, wo ihm diese Kolonien zugestanden wurden, nicht am Mittelmeer liegt, sondern in einer Gegend fern davon, in der es aber immerhin beginnt, sich sein Kolonialreich zu schaffen. Auch Spanien wird ein Stück Marokkos zugestanden, und Italien bekommt freie Hand zur Eroberung Libyens. So vollzieht sich 1912 ein weiteres Vorspiel zum Krieg, ein Akt, den wir in Italien für gewöhnlich für eine patriotische, von der Regierung Giolitti organisierte Landpartie halten, die koloniale Eroberung Libyens, deren Folgen wir auch heute noch beobachten können.

Die koloniale Aufteilung ist also in den Jahren unmittelbar vor dem Weltkrieg in vollem Gang. Der Coup von Agadir wie auch die Eroberung Libyens durch Italien sind Alarmzeichen. Libyen stand unter osmanischer Kontrolle, seine Eroberung 1912 war folglich ein Angriff auf das Osmanische Reich und damit eine weitere Vorgeschichte des Konflikts, der inzwischen auf dem gesamten Spielfeld glomm.

Die neuralgischste Gegend, nahe am späteren Operationsgebiet, ist eindeutig der Balkan. Er ist ein ständiges Pulverfass. Auf ihm treffen drei Reiche aufeinander: ein angeschlagenes, das Osmanische nämlich; Österreich-Ungarn, das darauf aus ist, an dessen Stelle die Herrschaft über die Südslawen zu übernehmen; und das Russische, das sich als deren Beschützer und als der der ganzen nationalen slawischen Sache präsentieren will. Der Vorposten dieser neuen geopolitischen Lage ist das Königreich Serbien, das eine Art Piemont der slawischen Welt darstellt oder darstellen will, das heißt eine Kraft, die fähig ist, die nationale Sache der Slawen in die Hand zu nehmen und voranzubringen. Auf Anregung und sicherlich unter Einfluss des Russischen Reiches bilden Serbien, Bulgarien und Montenegro 1912, im selben Jahr also, als Italien Libyen angreift, zusammen mit Griechenland einen Balkanbund. Dieser stellt im Oktober 1912 der Türkei ein Ultimatum und eröffnet sofort danach die Feindseligkeiten. Für die Türkei war der Krieg ruinös und katastrophal, sie musste um Frieden bitten. Dieser wurde am 30. Mai 1913 in London geschlossen.

Damit akzeptiert das Osmanische Reich, das ein paar hundert Jahre zuvor fast Wien eingenommen hätte, im wesentlichen aus Europa vertrieben zu sein, außer aus Thrakien und dem Gebiet der Meerengen, also Istanbul. Eine klare Niederlage somit und ein Triumph für den Balkanbund. Aber das war nur erster Akt eines komplizierteren Dramas. Sofort brach nämlich zwischen den Siegern Streit aus. Die Beute war im Frieden von London eindeutig zu Gunsten Bulgariens aufgeteilt worden, das nebenbei dasjenige Land war, das am meisten zum Sieg gegen die Türkei beigetragen hatte. Die neuerliche Spannung führt nun zu Unterredungen unter »Aufsicht« des Zaren, aber ohne irgend ein Resultat. Bulgarien unternimmt nach dem Scheitern dieser Verhandlungen einen Überraschungsangriff auf Griechenland und Serbien; wir befinden uns inzwischen im Juni 1913. Nun greift Rumänien gegen Bulgarien zu Gunsten Serbiens ein. Die Folge ist eine Niederlage Bulgariens. Sie wird am 10. August 1913 durch den Vertrag von Bukarest besiegelt, der die Vorteile, die Bulgarien aus dem ganzen Unternehmen erzielt hatte, enorm reduziert.

Gedemütigt und erschöpft, nähert sich Bulgarien wieder der Türkei an und beide zusammen nähern sich den Mittelmächten, also Deutschland und Österreich-Ungarn. Im Zuge dieses Balkankonflikts beginnen sich also die Allianzen abzuzeichnen, die im Weltkrieg aufeinander einschlagen werden. An die Seite der Mittelmächte werden sich Bulgarien und das Osmanische Reich stellen. Dazu kommt ein weiteres Detail, nämlich die Schaffung eines unabhängigen Albanien als bedrohliches Element an Serbiens Flanke. Der balkanische Knoten war an diesem Punkt unentwirrbar geworden.

Der Coup von Agadir hat Deutschland gewiss einen konkreten Vorteil bei der kolonialen Aufteilung der Welt beschert. Darüber kann aber nicht übersehen werden, wie das oft geschieht, dass auch die kleinen Mächte, wo immer möglich, bei der Verteilung der Kolonien mitmachen. Wir haben über Italien gesprochen, das sich Libyens bemächtigt; erinnert sei auch an das Vorgehen Belgiens – auch deshalb, weil es eine Geschichte ist, die sehr lange nachwirkt –, wie es sich im Kielwasser der Stanley-Expeditionen des Kongos bemächtigt. Der Forschungsreisende Stanley, der dem Lauf des Kongoflusses folgt, ebnet dem europäischen Eindringen den Weg und innerhalb weniger Jahre wird dieses riesige Land, das noch heute oft als das »ehemalige Belgisch-Kongo« bezeichnet wird, eine – anfangs private – Kolonie des belgischen Königs, unmittelbar der Krone unterstellt – eine außerordentliche Erwerbung für das europäische Land bzw. seinen Monarchen, denn der Kongo stellt ein unerhört reiches Reservoir an Bodenschätzen dar. Belgien, eine winzige Kontinentalmacht wird also Oberhaupt eines afrikanischen Kolonialreichs von beträchtlichen Ausmaßen, das immensen Reichtum verheißt.

Damit schält sich eine Situation heraus, die den Hintergrund des Konflikts bildet: Die großen und weniger großen europäischen Mächte stehen auf Kriegsfuß miteinander und gehen Interessenbündnisse ein mit dem einzigen Ziel, die Welt und ihre Reichtümer unter sich aufzuteilen – die Kontinente, die Rohstoffe bereitstellen und unterbezahlte Arbeit, also die Ressourcen, die Europa wohlhabend machen.

Das ist das Kennzeichnende, das nie aus dem Blick geraten darf. Es trägt dazu bei, jene ein wenig manichäischen Wertungen erheblich zu dämpfen, denen zufolge die Schuld am Krieg einzig und allein bei dem einen oder anderen Beteiligten liegt. Wir werden die Dynamik der Ereignisse, die zum Krieg geführt haben, noch im Detail betrachten und sehen, dass es da von Seiten Deutschlands eine in der Tat beängstigend hemmungslose Taktik gibt. Dennoch kann keinesfalls bestritten werden, dass im Grunde eine Verantwortung für den Krieg auf alle zu verteilen ist, weil keiner zulassen will, dass der Rivale mehr Glück und mehr Gewicht hat bei der Aufteilung der Reichtümer der Welt.

Neben diesen materiellen Faktoren, die wir summarisch beschrieben haben und kurz als Wettlauf um die Aufteilung der Welt definieren können, gibt es auch sozusagen geistige, psychologische und kulturelle Faktoren. Es verbreitet sich in den Jahren und Monaten, die der Explosion vorausgehen, eine diffuse Geisteshaltung, die den Krieg kaum abwarten kann: In Philosophie, Kunst und Literatur bricht sich eine Kultur Bahn, die den Krieg als solchen mit Wohlgefallen betrachtet. Diese verbrecherische Vorstellung, der Krieg sei »Welthygiene«, finden wir als eine Art von Geisteshaltung bei vielen Strömungen; Krieg als »Welthygiene« ist beispielsweise fixe Idee eines Teils des italienischen Futurismus – Marinetti verherrlicht den Krieg –, gehört aber auch zum geistigen Gepäck einer fragwürdigen Figur mit den Zügen eines Clowns wie Gabriele D'Annunzio.

Doch nicht nur die aktivistisch-ästhetizistische Kultur sieht im Krieg die Lösung für die moralischen Probleme ihrer Gegenwart. Es ist zu konstatieren, dass auch die gemäßigtere, traditionellere, konservative Kultur den Krieg als Errettung oder gewissermaßen als eine Art Reinigung des Geistes betrachtet. Im übrigen gilt es bekanntlich als eine glänzende Idee, einen Krieg vom Zaun zu brechen, wenn in einem Land ungelöste soziale Probleme bestehen, die Spannungen nach außen zu lenken, indem man ihnen ein auswärtiges, und sei es vorgetäuschtes und fingiertes, Ziel bietet.

Es ließe sich auch über die akademische Kultur sprechen. Über die deutsche etwa, die aber nicht das einzige Beispiel ist. In den Monaten vor und nach Kriegsbeginn weist Deutschland eine ganze Schar von Persönlichkeiten auf, die sich für den Krieg stark machen. Ein großer Gelehrter der Berliner Universität, zugleich einer der hervorragendsten Vertreter der klassischen deutschen Kultur, Baron Ulrich von Wilamowitz-Moellendorf, hält im März 1915, ein halbes Jahr, bevor er Rektor der Universität wird, unter dem Titel

Das Weltreich des Augustus eine Rede, die nur scheinbar von der antiken Geschichte handelt. Die zentrale These besagt, dass die sehr lange Friedenszeit, die die Herrschaft des Augustus ausgezeichnet hat, schädlich war für das Römische Reich, das aufgrund dieses zu langen Friedens in seine Niedergangsphase eintrat. Also ist Krieg hin und wieder notwendig, eine Darstellung, die offensichtlich auf die Gegenwart anspielt und deutlich suggeriert, dass ab und zu ein Waffengang erforderlich sei, um ein Volk wieder zu ertüchtigen; eine aus ethischer und humaner Sicht eindeutig verbrecherische These, und doch mit Überzeugung vertreten von einem der größten Intellektuellen und mit den Mitteln der Zeit unter einem sehr großen Teil der deutschen Intellektuellenschicht propagiert.

Um noch auf ein nicht zu übergehendes Detail hinzuweisen und ein wenig in die Atmosphäre und in den Gemütszustand einzutauchen, in dem sich diese Menschen befanden, hilft es vielleicht, auf den berühmten Roman zurückzukommen, den wir eingangs erwähnt haben, den *Zauberberg* von Thomas Mann. In den letzten Zeilen dieses Romans heißt es, nachdem beschrieben worden war, wie der junge Castorp sich mühsam der Front nähert: »Wird auch aus diesem Weltfest des Todes«, und ein Weltfest des Todes ist offenkundig der Krieg, »auch aus der schlimmen Fieberbrunst, die rings den regnerischen Abendhimmel entzündet, einmal die Liebe steigen?« Die Frage lautet also, ob vom Krieg nicht eine Erneuerung ausgehe.

Das Attentat

Am 28. Juni 1914 verändert in der bosnischen Stadt Sarajevo ein Attentat auf den Erzherzog Franz Ferdinand, den Kronprinzen des Kaiserreiches Österreich-Ungarn, den Lauf der Welt. Diese Feststellung haben wir viele Male gehört, und in gewissem Sinn kehrt diese Aussage im Laufe der Zeit zumindest als Problem und Fragestellung immer wieder: *Führt man einen Krieg, weil es ein Attentat gegeben hat?* Eine dramatische Frage, denn die Version, an die die Vulgata uns gewöhnt hat, besagt, dass das Attentat auf den österreichischen Erzherzog *der Grund* für den Ausbruch des Ersten Weltkriegs sei, dass der an diesem Morgen im Juni 1914 von einem Attentäter abgegebene Schuss auf die Person des kaiserlichen Thronerben wie beim Domino eine Kettenreaktion ausgelöst habe, die *unausweichlich* zum Krieg führte.

Aber die wirkliche Frage ist, ob man wegen eines Attentats einen Krieg beginnt oder ob im Gegenteil Krieg schon in der Luft liegt, nicht letztlich bereits beschlossene Sache ist, und ob man nicht nur auf eine Gelegenheit gewartet hat – eine solche wird sich schon ergeben und dann wird aber zugelangt. Es fragt sich also, ob somit das Attentat am Ende nicht eine Art himmlisches Manna ist, eine Gabe der Vorsehung, die geholfen hat, in diesen Krieg einzutreten, den viele, wenn nicht sogar alle Regierungshäupter wollten. Jedenfalls ist es wichtig, dieses berüchtigte Ereignis näher zu betrachten, um zu verstehen, was an diesem Morgen wirklich geschieht. Es wird also gut sein, in knappen Zügen den, wie man zu sagen pflegt, Film jenes Ereignisses zu rekonstruieren.

Der österreichische Erzherzog reist nach Bosnien, nicht besonders glücklich darüber, dort unfreundliche Gesichter vorzufinden oder sich jedenfalls in einem bei ihm alles andere als Begeisterung weckenden Umfeld zu bewegen. Aber als Thronfolger muss man so etwas schließlich auf sich nehmen.

Er war nicht sehr beliebt beim alten Herrscher, der fünfzigjährige Franz Ferdinand. Der alte Kaiser hätte einen anderen Erben vorgezogen, aber der war krank geworden und durch sein reichlich zügelloses Leben aus dem Spiel. Er hatte gründlich verspielt und war von der Szene abgetreten, der Prinz Otto, auf den der alte Franz Joseph gesetzt hatte. Ganz das Gegenteil ist dieser Franz Ferdinand, den der alte Souverän so ganz und gar nicht mochte. Nach einer eher kränklichen Jugend ist er ein robuster und willensstarker Offizier geworden und bekleidet einen hohen Rang im österreichischen Heer. Er hat eine Ehe geschlossen, die dem alten Herrscher nicht passte, auf der er aber hartnäckig bestand. Er hat sogar schwören müssen, für die eigenen potentiellen Kinder auf die Thronfolge der Habsburger zu verzichten. Er ist Thronerbe von Österreich-Ungarn, hat aber dem uralten Kaiser geschworen, dass seine eigenen Söhne, so denn welche geboren werden, nicht automatisch sein Erbe antreten würden. Das zeigt sehr deutlich, wie gering die Sympathie zwischen diesen beiden Männern ist, doch trotzdem ist nach dem vornehmen und unveränderlichen Adelskodex dieser alten Monarchie der Thronfolger nun einmal der Thronfolger und wird gemäß seiner Rolle behandelt und geachtet.

In jenem Juni 1914 reist Franz Ferdinand in seiner Eigenschaft als künftiger Nachfolger auf dem Thron der glücklichen österreichisch-ungarischen Monarchie also durch Bosnien, in offizieller Eigenschaft, mit der Gattin an der Seite, einer Frau, die der alte Franz Joseph ebenfalls nicht mag, aber ertragen muss. Während er durch die Straßen von Sarajevo fährt, ist er in einer brenzligen Lage. Um die Wagenkolonne herum befindet sich eine mehr oder minder bestellte Menschenmenge. Es handelt sich um eine Serbien feindlich gesonnene, so zu sagen von Österreich geschützte Bevölkerung. Serbien ist der Feind, der slawische Staat, der seine Unabhängigkeit erlangt hat und in diesen Tagen einer tragischen Schlacht gedenkt: der Schlacht auf dem Amselfeld, auf den Feldern des Kosovo, wo Serbien von den Türken geschlagen worden war, nachdem es heldenhaft Widerstand geleistet hatte. Die Serben gedenken also einer Niederlage, aber nicht, weil es um eine Niederlage geht, sondern weil sie ihren großen Heroismus jener fernen Tage feiern.

Sarajevo ist voll von Auswärtigen, überall um die Wagenkolonne herum sind Menschenmengen, mehr oder weniger darauf abgerichtet, »Vivat!«, »Zivio!« zu rufen. Außer dem Kronprinzen und seiner Frau sitzen im Wagen auch dessen Besitzer, der Graf Harrach, sowie der Landeschef von Bosnien-Herzegowina, Potiorek. Während der

Fahrt hört man um 11:30 Uhr von weitem den Knall eines Gewehrs,
doch die, denen das galt, machen sich nicht richtig klar, was passiert
ist. Ein kleiner Gegenstand fällt hinter das Kronprinzenpaar gegen
die Fahrzeugwand, prallt ab und trifft den Wagen dahinter. Zwei
Leute aus dem Gefolge werden verletzt, der Erzherzog lässt ihnen
Hilfe angedeihen, und es stellt sich heraus, dass eine Bombe auf sein
Auto geworfen worden ist, die ihr Ziel aber verfehlt und den nach-
folgenden Wagen getroffen hat.

Der Attentäter wird sofort gefasst. Es ist ein Drucker serbischer
Herkunft, aber österreichischer Untertan namens Čabrinovic. Die
Kolonne fährt weiter, und ziemlich beunruhigt und irritiert fragt
der Erzherzog den Landeschef an seiner Seite: »Sie empfangen
Gäste also hier mit Bomben?« Der Konvoi erreicht mühsam sein
Ziel.

Im Rathaus angekommen, zeigt sich das Kronprinzenpaar
der Menge, die Menschen applaudieren. Graf Harrach, der beim
Kronprinzen im Auto gesessen hatte, fragt den Landeschef, ob er
genügend Truppen bereitgestellt habe, um die Sicherheit Seiner
Hoheit zu garantieren. Der erwidert pikiert: »Sie denken wohl, Sarajevo sei voller Attentäter?« Die Kolonne verlässt den Palast und
macht sich auf den Weg zum letzten Ziel der offiziellen Visite. Aus
Vorsicht will der Erzherzog, dass eine andere Route eingeschlagen
werde. Er ist einigermaßen beruhigt, befürchtet aber, dass es an
diesem seltsamen und tragischen Morgen einen zweiten Zwischenfall geben könne. Deshalb beschließt er, zunächst die Verletzten
im Lazarett zu besuchen. So sehr der Graf Harrach auch auf dem
Trittbrett des Wagens stehen möchte, um mit dem eigenen Körper seinen hohen Gast zu schützen, so wird ihm doch von diesem
selbst davon abgeraten. Die Wagen fahren erneut los, diesmal mit
höherer Geschwindigkeit, nun also zuerst zum Lazarett, vor den
letzten offiziellen Zielen.

Die Route ist somit geändert worden. Sie führt durch die Stadt,
die Straßen immer noch voller Menschen, bis zur Franz-Joseph-

Straße, aber noch ohne in sie einzubiegen. Diese Straße war für die offizielle Strecke vorgesehen gewesen. Doch nun begeht die Polizei, nicht wissend, dass der Fahrplan geändert wurde, einen, wie es scheint unerklärlichen, Fehler: Sie gibt die Durchfahrt frei, und der erste Wagen biegt in die alte Route ein, weil die Polizei sie nicht abgesperrt hat. Der zweite Wagen folgt ihm. In diesem Moment wird dem Landeschef Potiorek bewusst, dass man dabei ist, einen Riesenfehler zu begehen. Zum einen missachtet man den Wunsch des Erzherzogs, den Weg des Prinzenkonvois zu ändern, zum andern setzt man sich schutzlos weiteren Unwägbarkeiten aus. Deshalb verlangsamt er die Fahrt und will, dass der Wagen wendet und die neue Route einschlägt.

Dazu muss man sich ohne jeglichen Schutz einem der Straßenränder nähern. Als man ganz nah am rechten Bürgersteig ist und der Chauffeur abgebremst hat, sind kurz hintereinander zwei sehr laute Schüsse zu hören.

Im ersten Moment scheint es, als sei niemand verletzt. Die Herzogin scheint nur ohnmächtig zu sein, der Landeschef bekommt mit, dass der Erzherzog mit seiner Frau spricht und ihr etwas zu sagen versucht, und nähert sich den beiden. Sie sind beide tödlich getroffen. Man knöpft dem Erzherzog am Hals die Uniform auf, aus der Aorta schießt ihm ein Schwall von Blut auf den Rock. War das erste Attentat gescheitert, so ist das zweite gelungen! In aller Eile sucht man zu helfen, den hohen Verletzten ins Hospital zu schaffen; schon eine Viertelstunde später ist er tot.

Auch diesmal wird der Attentäter gefasst, auch er ist Serbe, Gavrilo Princip. Eine Ironie der Geschichte: Gavrilo, Gabriel, bedeutet »der Verkünder«, und man kann sich wie die Zeitgenossen mit Recht fragen, ob seine Tat, nach der er vergeblich versuchte, sich mit Zyanid selbst umzubringen, nicht ein Vorzeichen von etwas fürchterlich Neuem sei, eingeläutet von diesem Attentat.

Wie nach einem derartigen Ereignis zu erwarten, wird eine Untersuchung eingeleitet. Die Justiz wird unerbittlich sein, versprechen die Zeitungen, die Politiker und Autoritäten in ganz Europa und vor allem in Österreich-Ungarn. Doch die Untersuchung verläuft in größter Eile, in wenigen Tagen, sehr geheim. Es ist eine seltsame Untersuchung. So hätte man sich zum Beispiel fragen können, warum Potiorek, der Landeschef, dermaßen nachlässig und ungenügend für Sicherheit gesorgt hatte. Es war auch zu fragen, wieso er vor dem zweiten Attentat die Wagen dermaßen tölpelhaft die falsche Straße hatte nehmen lassen und dann in eigener Person auf der Umkehr bestand, ohne zu merken, dass der Kronprinz und seine Frau inzwischen schon getroffen worden waren; auch lässt er den Polizeichef nicht im Vorhinein eindringlich befragen. Der Polizeichef der Stadt Sarajevo hätte für Sicherheit garantieren müssen, und umso beunruhigender ist die Tatsache, dass sich in der Stadt Personen, zudem noch serbischer Nationalität und also aus einem feindlichen Land, frei bewegen konnten, die eine mit Bomben, die andere mit Pistolen bewaffnet, die mit extremer Leichtigkeit gegen ein allzu leichtes Ziel zu gebrauchen waren. Und es ist zu fragen, warum nach dem ersten Attentat beileibe nicht alles getan worden war, um die Attentatsserie durch Vorsichtsmaßnahmen zu stoppen, bevor das Irreparable geschah.

Im Grunde ging es um eine Untersuchung mit vorgefertigter Wahrheit. Auf österreichischer Seite bestand der Wille, den Nachweis zu führen, dass die Verantwortung einzig und allein bei der serbischen Regierung läge. Eine nicht leicht zu belegende These, insofern die serbische Regierung allenfalls eine indirekte Verantwortung hätte haben können, man aber gewiss – weder sofort noch später – nicht würde beweisen können, dass sie das Attentat direkt organisiert hätte. Das machte der Propagandamaschine des österreichisch-ungarischen Kaiserreichs ziemlich wenig aus. Es war dies der Vorfall, den man zu nutzen gedachte, um endlich seine Rechnungen mit Serbien zu begleichen und diesem Land, das sich unter dem Schutz des Russischen Reichs an die Spitze der Südslawen stellte, eine Lektion zu erteilen.

Die Untersuchung und die serbische Reaktion: Das Ultimatum

Die offizielle Untersuchung des Verbrechens von Sarajevo von Seiten Österreichs war in der Tat oberflächlich. Die Ergebnisse, die sie vorlegte, waren sämtlich bereits vorgegeben; was veröffentlicht wurde, war eine vorab beschlossene Wahrheit. Insbesondere führte die Untersuchung den, mit vielen Anführungszeichen zu versehenden, Beweis, dass das Verbrechen politisch in Belgrad vorbereitet worden sei; dass die Bomben aus serbischem Bestand stammten; dass serbische Offiziere den Verschwörern den Gebrauch von Bomben und Pistolen beigebracht und ihnen auch geholfen hätten, die österreichische Grenze zu überschreiten. Im Grund war diese Art von Befund einzig und allein darauf ausgerichtet, die serbische Regierung mit einer unabweisbaren Verantwortung zu belasten. Sie sollte als Urheberin des Attentats dastehen, bei dem der Thronerbe des österreichisch-ungarischen Reiches sein Leben verloren hatte.

Doch bei näherem Hinsehen konnte diese ganze Darstellung als widerlegbar gelten. Einzelne serbische Offiziere waren vielleicht beteiligt; die Bomben waren in Serbien gekauft, gestohlen oder sonstwie besorgt worden; aber dass die Regierung unmittelbar unterrichtet und mitschuldig gewesen wäre, war natürlich sehr schwer zu beweisen, doch genau dies war die Gewissheit, zu der die österreichische Regierung gelangen wollte.

Sicherlich befand sich die serbische Regierung in einer delikaten und vielleicht sogar zweideutigen Lage. Wir wissen ja, dass Serbien zu dieser Zeit nicht nur mit einem Auge nach Moskau blickt, sondern auch unter der Führung einer Dynastie steht, der des Königs Peter nämlich, die sich im Hass gegen Österreich gefestigt hatte. Österreich hatte einen anderen Anwärter auf den Thron unterstützt, und deshalb ist ihm der serbische Hof feindlich gesonnen.

Die Reaktionen Wiens sind verständlich, wenn auch nicht akzeptabel. Umgekehrt stellt das Verhalten der serbischen Regierung eine irritierte Reaktion auf die von Wien inszenierte Kampagne dar.

Es wurde gesagt und findet sich in den Memoiren bezeugt, derer es zu diesen Geschehnissen eine Menge gibt, dass der russische Botschafter in Belgrad, Nikolai Henrichowitsch Hartwig, nach der Verbreitung der ersten Nachrichten über die Ermordung Franz Ferdinands geäußert habe: »Gebe Gott, dass es kein Serbe war, der da geschossen hat«. Natürlich war es ein Serbe gewesen, und vielleicht hatten die Worte dieses Botschafters auch einen doppelten Boden: Er drückte zwar Angst vor den Konsequenzen aus, war aber im Umkreis der zaristischen Führungsspitze in seinem Herzen selbst einer der überzeugtesten Verfechter der Ansicht, dass der Konflikt unvermeidbar sei.

Betrachten wir nach den österreichischen vor allem die serbischen Reaktionen. In den Tagen gleich nach dem Attentat waren alle politischen Kreise Belgrads von Panik ergriffen. Bis wenige Wochen vor dem Attentat hatten sich die Täter tatsächlich in Belgrad aufgehalten und sich dort die Waffen beschafft. Und möglicherweise war der eine oder andere Hinweis auf ein bevorstehendes spektakuläres Attentat bis in die Regierungsspitze hinauf gelangt. Doch Serbien hatte kein großes, besser gesagt überhaupt kein Interesse, eine Krise auszulösen. Dies nicht nur aus einem prinzipiellen Grund – es war nämlich gerade erschöpft aus dem Balkankrieg hervorgegangen und gewiss nicht geneigt, sich einen weiteren Krieg zu wünschen –, sondern auch deshalb, weil gerade in diesen Wochen ein Wirtschaftsabkommen mit Österreich vor dem Abschluss stand, das für die serbische Seite zweifellos günstig gewesen wäre. Man konnte sich also in der Regierung alles Mögliche wünschen, nur nicht ein derart desaströses Attentat. Panik ist somit offensichtlich das einzige verständliche Gefühl in einer Situation, wo die Ungleichheit der Kräfte und die Herbeiführung einer Gefahr einen jeden, auch den Unerfahrensten, begreifen lassen, dass Krieg wieder zur wahrscheinlichen Alternative wird.

Diplomatische Ausrutscher allerdings hat Serbien sich geleistet. Der serbische Botschafter in Sankt Petersburg beispielsweise lässt sich – ob unvorsichtig, uninformiert oder kriegstreiberisch, das lässt sich nicht mehr so genau feststellen – zu Erklärungen gegenüber der Presse hinreißen, denen zufolge dieses schreckliche Attentat zwar zu verurteilen, aber durch die Unzufriedenheit in Bosnien verursacht sei. Mit solchen Worten scheint er gleichsam bosnischen Kreisen und einer Bevölkerung, die zu Österreich-Ungarn gehört, die wahre Verantwortung für das Attentat anzulasten. Ein Ausrutscher, weil offensichtlich jener Teil der Untersuchung, der die Herkunft der Attentäter aus einem serbischen Umfeld festgestellt hatte, nicht zu widerlegen war. Nun geht eine heftige Presseschlacht los, eine gegenseitige Kampagne der serbischen und österreichischen Zeitungen mit verletzenden und unkontrollierten Beschuldigungen, wie sie für gewöhnlich das Vorspiel bei der Zuspitzung internationaler Krisen sind und oft genug auch das Vorspiel eines regelrechten Waffengangs.

Greifen wir nun ein paar Tage vor, nachdem wir die unmittelbaren Reaktionen betrachtet haben, so sind wir beim 23. Juli. Ein knapper Monat ist seit dem Attentat vergangen, während dessen diese ganzen feindseligen Kampagnen getobt haben. Wir befinden uns in einem kritischen Moment. Der österreichisch-ungarische Botschafter in Belgrad, der Freiherr Giesl von Gieslingen, muss der serbischen Regierung ein Ultimatum Wiens übergeben. Österreich hat in der Tat seine Linie fortgesetzt, die direkt zum Konflikt führt. Es hatte sich nur des stilistischen Mittels bedient, sein Ultimatum ausweichend nicht als solches zu bezeichnen, sondern als eine »befristete Demarche«, was in der Sache auf dasselbe hinauslief. Mit diesem ultimativen Schreiben wird von Serbien gefordert, neun Bedingungen zu erfüllen, wenn die Krise nicht unlösbar werden solle. Es ist auf 48 Stunden befristet und soll nun also der serbischen Regierung übergeben werden.

Der Botschafter hat genaue Instruktionen, die uns bekannt sind.

Die diplomatischen Akten über diese Ereignisse sind äußerst umfangreich und schon vor dem Zweiten Weltkrieg nach und nach freigegeben und zugänglich gemacht worden, so dass an Dokumenten zu dieser Frage kein Mangel herrscht. Der Botschafter hat das Ultimatum zwischen vier und fünf Uhr nachmittags zu übergeben. Während er sich dazu anschickt und wartet, bis der Zeitpunkt kommt, erreicht ihn eine weitere Depesche aus Wien. In ihr heißt es, der französische Staatspräsident Poincaré, der sich zu dieser Zeit in Sankt Petersburg aufhielt und angesichts der Kriegsgefahr mit Russland verhandelte, um offenbar das gegenseitige Bündnis aufzufrischen, werde erst gegen elf Uhr abends aus der russischen Hauptstadt abreisen. Deshalb sei die Übergabe des Ultimatums um etwa eine Stunde aufzuschieben, das Ultimatum dann *frühestens* wenige Minuten vor fünf Uhr zu übergeben. Warum das? Um zu verhindern, dass die serbische Reaktion Russland erreiche, solange der französische Präsident noch in Petersburg weilte. Botschafter Giesl, der den Sinn dieses Aufschubs sehr gut versteht – manchmal kann in der Geschichte eine Verspätung von einer Stunde entscheidend sein –, beschließt, das Ultimatum bzw. die »befristete Demarche« um sechs Uhr abends zu überbringen, offenbar um russische Direktkontakte mit Poincaré noch in Petersburg, und sei es in letzter Minute, auszuschließen. Als Beisl beim serbischen Finanzminister vorspricht – der Finanzminister vertrat damals den Premierminister Pašić –, bekommt er angesichts der äußerst knappen Frist zur Antwort: »Aber es ist nicht möglich, den Ministerrat sofort vollständig zusammenzurufen, weil ein Teil der Minister zurzeit auf Reisen ist.« Und der österreichische Botschafter erwidert sarkastisch: »Im Zeitalter der Eisenbahn, des Telegraphen und des Telefons und angesichts der geringen Ausdehnung des Königreichs Serbien dürfte die Sache nicht schwierig sein.« Ohne eine Entgegnung abzuwarten, entfernt er sich und verlässt den Sitz der serbischen Regierung.

Das Serbien übermittelte Ultimatum war unannehmbar; das heißt, seine neun Punkte, die als unverzichtbar genannt wurden, waren darauf angelegt, letztlich die nationale Unabhängigkeit des Empfängerlandes als solche zu verletzen. Unter den gestellten Bedingungen, eine härter als die andere, fand sich auch offen die erniedrigende Forderung, die Österreicher an Fahndung und Inhaftierung serbischer Schuldiger zu beteiligen. Österreich forderte also, mit seinen Ermittlern in Serbien präsent zu sein, um die Verhaftung der vermeintlich Verantwortlichen oder auf höherer Ebene Schuldigen zu erreichen. Diese Vorgehensweise, nämlich einem Land, das man in die Enge treiben will, absolut inakzeptable Bedingungen zu diktieren, die die nationale Souveränität verletzen, hat in der Geschichte des 20. Jahrhunderts noch große Nachahmung gefunden – bis in unsere Tage hinein: unter anderem noch einmal gegen Serbien, als wäre es Serbien bestimmt, solch aggressive Behandlung zu erfahren.

Und dennoch ist das Verhalten der Regierung Pašić von äußerster Besonnenheit, nicht nur wegen der schwierigen Lage eines durch die jüngsten Kriege geschwächten Volkes, sondern auch aufgrund der Tatsache, dass Russland schweigt. Und bis Russland nicht klar sagt, was es vorhat, kann Serbien mit Sicherheit nicht riskieren, in einen Krieg solchen Ausmaßes zu schlittern. Während man auf ein Signal aus St. Petersburg wartet, rät Pašić seiner Regierung, eine möglichst nachgiebige Haltung einzunehmen, und er erreicht dies auch. Acht Punkte werden praktisch akzeptiert, wenn auch mit mancher bemerkenswerten Abschwächung. Auch die Forderung, sich in den zu verbreitenden Tagesbefehl des serbischen Heeres einzumischen, wird als möglich erachtet, also nicht einfach nur abgewiesen. Die einzige Bedingung, die abgelehnt wird, ist die österreichische Beteiligung an der internen Untersuchung der serbischen Regierung, denn eine solche Forderung ist schlechterdings nicht zu akzeptieren.

Nach Übergabe dieses umfangreichen österreichischen Schreibens, dessen Beantwortung wohl erwogen sein will und dementsprechend Zeit braucht, geschieht etwas Überraschendes: Noch

bevor sich die serbische Regierung äußern kann, hat der österreichisch-ungarische Botschafter auch schon seinen Amtssitz verlassen. Schon vor dem Empfang der offiziellen serbischen Antwort
sind die Koffer gepackt und das Botschaftspersonal samt Familie
usw. reisefertig. Ohne die sehr gemäßigte serbische Reaktion abzuwarten und persönlich und vor allem an seinem Amtssitz ent-
gegenzunehmen, ist der österreichisch-ungarische Botschafter mit
einem schon bereitgestellten Zug bereits auf der Reise zurück auf
das Reichsgebiet.

Zweifel in Wien, Optimismus in Berlin

Wenn man über ein derart kompliziertes politisch-diplomatisch-mi-
litärisches Geschehen spricht, ist nichts falscher und unvorsichtiger,
als pauschale Aussagen zu liefern. Auch wenn es um Bewertungen
geht, die sich auf den Gesamtprozess beziehen und auf das Verhalten von Regierungen in ihrer Gesamtheit, muss doch auch auf interne Äußerungen hingewiesen werden. Wie wir am deutschen Fall sehen werden, sind diese internen Äußerungen sogar Ausgangspunkt
für eine recht interessante historiographische Gegenüberstellung.

Wir haben wiederholt vom Extremismus der österreichischen
Regierung gesprochen. Sie verhält sich grundsätzlich, als sei der
Zusammenstoß unausweislich. Deshalb leitet sie selbst diese sum-
marische Untersuchung ein; sie stellt unannehmbare Bedingungen,
um eine Ablehnung zu erreichen; und sie macht in der nicht ganz
unbegründeten Überzeugung weiter, die Klauseln des Dreibundes
würden Deutschland automatisch an die Seite Österreich-Ungarns
führen, vielleicht auch Italien, das diesem Bündnis ja ebenfalls an-
gehört. Deshalb bewegt sich die österreichische Regierung wie auf
einer Einbahnstraße festgefahren.

Der Hauptvertreter dieser vehement kriegstreiberischen Richtung ist der Außenminister Graf Berchtold. Er hat sicherlich am meisten mit dem Feuer gespielt, bis es dann zum echten, nicht mehr nur metaphorischen Brand wurde. In Regierungs- und Hofkreisen gibt es aber auch andere Stimmen. Da ist ein weiser alter Mann, der Graf Tisza, der ganz und gar nicht überzeugt ist von der Nützlichkeit und vor allem der Unausweichlichkeit des Konflikts und sucht, den alten Herrscher zu beeinflussen. Franz Joseph, seit 1848 auf der Bühne der europäischen Politik und mit sechzig Jahren Geschichte auf den Schultern, ist offensichtlich empfänglich für zahlreiche und durchaus unterschiedliche Ratschläge. Im Grunde seines Herzens ist er zwar überzeugt, dass Serbien eine Lektion erteilt werden müsse, aber zweifellos kann er die Mahnungen zur Vorsicht, die aus Teilen des Establishments, gar aus der Spitze seiner eigenen Regierung kommen, nicht einfach übergehen. Graf Tisza, sicher der klarsichtigste Kopf der Führungsgruppe, verfasst ein Gesuch, legt es schriftlich nieder und schickt es an den Herrscher. Es ist ein besonders bedeutsamer Text, weil er aus eben dem Hofmilieu kommt, das sich nach außen hin als einheitlich extremistisch präsentiert. Tisza schreibt also am 1. Juli offen an den Kaiser:

> »Ich hatte erst nach meiner Audienz Gelegenheit, Grafen Berchtold zu sprechen und von seiner Absicht, die Greueltat in Sarajevo zum Anlasse der Abrechnung mit Serbien zu machen, Kenntnis zu erhalten.
>
> Ich habe Grafen Berchtold gegenüber kein Hehl daraus gemacht, dass ich dies für einen verhängnisvollen Fehler halten und die Verantwortung keineswegs teilen würde. Erstens haben wir bisher keine genügenden Anhaltspunkte, um Serbien verantwortlich machen zu können und trotz etwaiger befriedigender Erklärungen der serbischen Regierung einen Krieg mit diesem Staate zu provozieren. Wir würden den denkbar schlechtesten Locus standi haben, würden vor der ganzen Welt als die Friedensstörer dastehen und einen großen Krieg unter den ungünstigsten Umständen entfachen. Zweitens halte ich diesen Zeitpunkt, wo wir Rumänien so gut wie verloren haben, ohne einen Ersatz dafür bekommen zu haben, und der einzige Staat, auf den wir rechnen können, Bulgarien, erschöpft darniederliegt, überhaupt für einen recht ungünstigen.«

Dieser Brief ist ein Meisterstück der Fechtkunst. Ohne den Herrscher
zu verletzen, schlägt er alle notwendigen Tasten an, um den politischen Gegner Tiszas, den Grafen Berchtold, in ein wenig günstiges
Licht zu rücken. Er beinhaltet einige Dinge, die die offiziellen Wahr-
heiten deutlich Lügen strafen. Da gibt es vor allem die Formulierung, mit der der Schreiber ausführt: »Erstens haben wir bisher keine
genügenden Anhaltspunkte, um Serbien verantwortlich machen zu
können und trotz etwaiger befriedigender Erklärungen der serbischen Regierung einen Krieg mit diesem Staate zu provozieren.«

Hier ist die andere Wahrheit, die aus dem Inneren der österreichischen Regierungsspitze selbst kommt. Von nun an beobachten
wir ein Phänomen, das charakteristisch ist für die verworrene Diplomatie dieser Wochen und Monate, die Tatsache nämlich, dass die
Regierungen eine offizielle und eine interne Wahrheit haben, eine
für den externen Gebrauch und eine wirkliche, die aber nicht »nach
außen« dringen darf.

Natürlich antwortet der Kaiser nicht auf der Stelle, sondern beobachtet, sammelt Informationen und Eindrücke, und wahrscheinlich wird diese schwierige Partie unter schwankenden Stimmungen
des Herrschers entschieden. Franz Joseph, das können wir auch
wieder anhand eines Schreibens verfolgen, führt gerade in diesen
Tagen einen Dialog mit seinem Hauptgesprächspartner, dem Deutschen Kaiser. Wilhelm II. hat ihm, da er nicht persönlich an der
Trauerfeier für den Erzherzog Franz Ferdinand hatte teilnehmen
können, schriftlich sein Beileid bezeugt und seine Solidarität aus-
gesprochen, sich dabei aber nicht explizit und endgültig festgelegt
– aus ersichtlichen Gründen, unter anderem, weil noch nicht klar
ist, ob Russland mobil machen würde oder nicht.

Der Österreicher antwortet Wilhelm mit einer mündlichen Botschaft über den deutschen Botschafter in Wien:

> »Denn ich sehe sehr schwarz in die Zukunft (...) Ich weiß nicht,
> ob wir noch länger werden ruhig zusehen können (...) Was mich
> ganz besonders beunruhigt, das ist die russische Probemobilisie-

rung (Manöver; d. Verf.), die für den Herbst (wir befinden uns im
Juli; d. Verf.) geplant ist, also gerade in einer Zeit, wo wir hier den
Rekrutenwechsel haben.«

Im Grunde alarmiert den österreichischen Kaiser also die Tatsache,
dass das Russische Reich für den Herbst 1914 militärische Manöver
plante – die natürlich auf russischem Territorium stattfinden –, weil
das die Zeit ist, in der in Österreich die alten Jahrgänge aus der Armee entlassen und neue einberufen werden, also die »Zeit, wo wir
denn Rekrutenwechsel haben.« Das bedeutet offenbar, dass nach
der Ansicht des Kaisers Russland bereits *ziemlich lange vor dem Attentat* bereit war, anzugreifen und einen Konflikt zu entzünden, da es
diese Manöver ja schon viel früher angesetzt hatte.

Bei derselben Gelegenheit listet auch Franz Joseph, indem er
gleichsam die Sorgen des Grafen Tisza anklingen lässt, die Mächte
auf, die auf dem Feld stehen, und äußert sich in den Worten des
deutschen Botschafters folgendermaßen:

> »Wenn er, der Kaiser, auch gewiss nichts für (den bulgarischen;
> d. Verf.) König Ferdinand übrig habe, so sei doch Bulgarien ein
> großes Land und bedeutender Entwicklung fähig. Bulgarien sei,
> außer vielleicht Griechenland, der einzige Balkanstaat, der gar kei-
> ne widerstreitenden Interessen mit Österreich habe. Er halte es
> deshalb für richtig, die Beziehungen zu diesem Lande zu pflegen
> und fester zu gestalten.«

Und weiter in wörtlicher Wiedergabe:

> »Ich weiß, dass Ihr Kaiser (also Wilhelm II.; d. Verf.) volles Ver-
> trauen zu (dem rumänischen; d. Verf.) König Carol hat (…) Ich
> habe es nicht. (…) Wenn wir England nur ganz von seinen Freun-
> den Frankreich und Russland abbringen könnten«.

Halten wir ein bei dem Satz: »Wenn wir England nur ganz von
seinen Freunden Frankreich und Russland abbringen könnten«.
Was bedeutet das? Offenbar richtet Franz Joseph den Blick auf das
andere Lager. Seine Seite ist der Dreibund aus Deutschland, Öster-

reich und Italien. Das Gegenbündnis weist, wenn wir so wollen, eine komplexere Struktur auf. Da ist einerseits die Entente, die »Entente Cordiale«, zwischen Frankreich und England und andererseits die Allianz zwischen Frankreich und Russland, wodurch also diese drei Länder de facto ebenfalls ein Dreierbündnis bilden, auch wenn dieses auf zwei bilateralen Abkommen (Frankreich/England und Frankreich/Russland) basiert. Aber der entscheidende Punkt, auf den Österreich und Deutschland vor allem setzten, besteht darin, dass England derzeit nicht wirklich daran interessiert wäre, sich in einen Krieg hineinziehen zu lassen, dessen Ursache im Machtkonflikt zwischen Österreich und Russland auf dem Balkan lag. So war der Deutsche Kaiser, vielleicht auch aufgrund seiner persönlichen Verbindungen zur englischen Krone, fest davon überzeugt, England werde neutral bleiben und es reiche somit aus, das französisch-russische Zweierbündnis zu schlagen, um die deutsche Vorherrschaft auf dem Kontinent auf eine solide Basis zu stellen.

Die – seit 1905 ausgearbeiteten – Pläne des preußisch-deutschen Generalstabs sahen geradezu eine Art *Blitzkrieg* gegen Frankreich vor. Auf ihn würde eine nur langsame Reaktion des russischen Kolosses folgen, eine sehr langsame Mobilmachung, die es Deutschland sicherlich erlauben würde, sich nach der Neutralisierung der französischen Armee gen Osten zu wenden.

Es ist seltsam, dass man dermaßen gelassen über bereits seit 1905 ausgearbeitete Kriegspläne spricht, aber es ist auch bezeichnend. Es bedeutet – was bei der Untersuchung dieser historischen Periode nicht mehr bestritten werden kann –, dass der so genannte lange Frieden in Wirklichkeit eine lange Vorbereitung auf den Krieg war.

1905 also: Der deutsche Plan, nach dem damaligen Chef des Generalstabs »Schlieffen-Plan« genannt, war nicht zufällig in diesem Jahr ausgearbeitet worden. Denn dies war das Jahr, in dem Russland in besonderen Schwierigkeiten steckte. Der ein Jahr zuvor mit Japan begonnene Krieg dauert noch an und wird sozusagen komplizierter mit der Revolution, die 1905 in St. Petersburg ausbricht. Es ist mithin eine Zeit, in der sich der preußisch-deutsche Generalstab die Frage stellt, wie die Schwierigkeiten des großen Nachbarn auszunutzen seien. Und so arbeitet er Kriegsszenarien aus, die auch noch Jahre später umgesetzt werden können. Eben diesen Plan griff von Moltke, Neffe des großen Generals der Bismarck-Ära und 1914 Chef des Generalstabs, wieder auf. Der Schlieffen-Plan sieht also einen – wie man später zur Zeit Hitlers sagte – Blitzkrieg vor, in dem Frankreich innerhalb von sechs Wochen fiele, die russische Mobilmachung langsam vonstattenginge und bis dahin die Entscheidung gefallen wäre. Doch die Basis all dessen, dieses Luftschlosses, war die Vorstellung, England werde sich aus dem Konflikt heraushalten. Wilhelm hegt ebenfalls diese Hoffnungen auf Neutralität Englands und auf schnellen Sieg, ist aber vorsichtig mit offiziellen Erklärungen. Seine erste offizielle Stellungnahme gibt er anlässlich des österreichischen Ultimatums ab; es ist eine oft übergangene, jedoch bezeichnende Stellungnahme.

Das österreichische Ultimatum an Serbien ist übergeben worden und sogleich in Kraft getreten, wie die umgehende Rückkehr des Botschafters nach Österreich zeigt. Die serbische Regierung hat versucht, die schwierige Situation zu retten, indem sie fast alles akzeptiert. Deutschland ist von Österreich parallel dazu über das Ultimatum informiert worden. Nicht informiert wurde dagegen Italien, und dies, obwohl es Mitglied des Dreibundes ist. Daran zu erinnern, ist interessant, weil es sich später auf die Entwicklung auf italienischer Seite auswirken wird.

In Unkenntnis der Eile, mit der das Ultimatum von österreichischer Seite für definitiv gehalten wurde, schreibt Wilhelm am 28. Juli an seinen Staatssekretär im Auswärtigen Amt, also seinen Außenminister, Traugott von Jagow: »Mit der serbischen Antwort entfällt jeder Grund zum Kriege«. Und an seinen Kanzler Bethmann Hollweg: »Die Kapitulation (demütigster Art) liegt darin orbi et urbi verkündet und durch sie entfällt jeder Grund zum Kriege.« Während er dies äußert, vertritt Österreich schon den Standpunkt, das Ultimatum sei zurückgewiesen. Es sieht sich weiterhin bereits im Vorkriegszustand und bereitet militärische Operationen gegen das benachbarte serbische Königreich vor. Weist man auf eine solche spontane Reaktion Wilhelms im offiziellen Rahmen seiner Regierung hin, so weist man zugleich auch darauf hin, dass die Entscheidung über Krieg oder Frieden bis zur letzten Minute völlig offen gewesen ist. Derjenige, der als Haupturheber des Konflikts bezeichnet wird, der Deutsche Kaiser, ist aber zugleich jener, der sich, wenn auch ohne Wirkung, über die serbische Reaktion auf das Ultimatum zunächst höchst pragmatisch geäußert hat.

Die deutsche »Schuld«:
ein Alibi für alle anderen

Die Meinung des Deutschen Kaisers, es sei möglich, die Haltung Serbiens wohlwollend zu bewerten, ist auch einem schriftlichen Dokument hinzugefügt. Auf der serbischen Antwort, die Wilhelm offenbar als Kopie zugeleitet worden war, ist in seiner Handschrift zu lesen: »Damit fällt jeder Kriegsgrund fort, und Giesl (der erwähnte österreichisch-ungarische Botschafter; d. Verf.) hätte ruhig in Belgrad bleiben sollen! Daraufhin hätte *ich* niemals Mobilmachung befohlen!« Diese Worte sind zweifellos von Gewicht für den Historiker wie für den Politiker, denn sie zeigen, dass es nie, auch nicht im letzten Moment vor dem ersten Schuss, eine ausweglose Situation gibt. Doch sie stimmen zugleich traurig, weil sie auch zeigen, wie eine Macht, die stärker ist als die Führungsspitzen selbst, zur Katastrophe drängt, zu Entscheidungen nämlich, die von Kräften partout angestrebt werden, die fähig sind, ihren Willen durchzusetzen und selbst die Grenzen zu überwinden, die die höchste Autorität ziehen müsste.

Dieser Text ist uns deshalb zugänglich, weil die Dokumente nach und nach zu Tage befördert worden sind. Im speziellen Fall der deutschen Akten ist eine kurze Anmerkung nötig. Nachdem der Krieg verloren war, hat sich Deutschland ergeben und sein politisches Regime gewechselt: vom Kaiserreich zur Republik. Die Republik wird am 9. November 1918 ausgerufen, während der Kaiser abdankt und nach Holland flieht. Folglich befindet sich das neu errichtete republikanische Regime in einer besonders schwierigen Situation. Es muss mit den Siegern verhandeln, obwohl es mit ihnen zahlreiche Kritikpunkte teilt, die sie gegen seine Vorgängerin vorbringen.

In Italien kennen wir eine solche Situation. Auch in unserem Fall fand sich die Republik den alliierten Siegern gegenüber und hatte die Konsequenzen eines durch die Schuld des vergangenen Regimes, des Faschismus, verlorenen Krieges zu tragen – eine für die Folgeregierungen besonders unerquickliche Situation.

Im Falle Deutschlands wurde, wie das regelmäßig immer dann passiert, wenn ein Besiegter zum Schuldigen erklärt wird, eine Art Prozess um die Verantwortung geführt.

Die im Januar 1919 gewählte Nationalversammlung, die die Weimarer Verfassung erarbeiten wird, hat auch auf innen- wie außenpolitisches Drängen hin einen »Parlamentarischen Untersuchungsausschuss für die Schuldfrage des Weltkrieges« ins Leben gerufen, der sich mit der Verantwortung für den Ausbruch wie für die Führung des Kriegs befassen sollte.

Das ist ein interessantes und besonders bezeichnendes Vorkommnis. Ein großes Land verliert den Krieg, wechselt sein Regime, und das neue Regime eröffnet eine Untersuchung über das Verhalten seiner Vorgängerin im Hinblick auf ein epochales Ereignis, in das die ganze Welt einbezogen war. Der Untersuchungsausschuss arbeitete lange und spiegelte nach und nach das Kräfteverhältnis in der Republik wider. Die Parteien nahmen in unterschiedlichem Maße an ihm teil, jede brachte ihre Vorstellungen mit... Um es kurz zu machen, diese politisch-historische Initiative führte zu einem positiven Resultat: Ein großer Teil der Dokumente wurde zugänglich gemacht; und zu einem enttäuschenden: Aufgrund der innenpolitischen Kräfteverhältnisse, die sich in zunehmend konservativem Sinn entwickelten, kam als Endergebnis heraus, Deutschland sei im Grunde nicht »schuld« am Kriegsausbruch – also eine halbe Wahrheit und eine Selbstabsolution.

Nicht alle Länder hatten Dokumente über den Krieg dermaßen schnell bereitgestellt. Es ist im übrigen eine allgemeine Regel, dass die Besiegten schneller sein müssen als die Sieger. Und man könnte noch hinzufügen, dass die Sieger deshalb nie vollständig Zugang zu den sie selbst betreffenden Dokumenten gewähren, weil ihre Position Schaden nähme, wenn die ganze Wahrheit aufgedeckt würde. Alles in allem wird bei derartigen Gelegenheiten der ständige latente Kampf zwischen Historikern und Politikern deutlich. Kurz gesagt, kann man festhalten, dass sich die Geschichte gestürzter Regime besser schreiben lässt, denn sie können kein einziges Geheimnis mehr hüten und bewahren. Überlebende und fortdauernde können dagegen die Wahrheit besser dosieren: Ein Stück davon gewähren, in Halbwahrheiten Einblick nehmen lassen, die, weil nur halb wahr, auch halb falsch sind – das ist oft so bei der Geschichtspolitik der angelsächsischen Mächte, bei England bezüglich des Ersten, bei den USA bezüglich des Zweiten Weltkriegs. Sprechen wir hier insbesondere über England, weil es der Akteur ist, um den sich die ganze übrige Angelegenheit dreht.

Die deutsche Schuld ist ein bequemes Alibi, ein patriotisches zwar, aber eben doch ein Alibi. Unsere Überlegung führt uns, was die Dokumente angeht, zu dem Schluss, dass es eine Konvergenz von substantiellen Verantwortlichkeiten gab, verquickt mit Zufällen, Missgeschicken, Verzögerungen, Übergaben von Ultimaten und so fort, also eine tiefe Kollektivschuld. Das schmälert nicht die Tatsache, dass das Problem der Kriegsschuld im Rahmen der deutschen historischen Kultur und Forschung um eine spezielle Diskussion angereichert wurde, die hier erwähnt werden muss. Dabei riskiert man, sich sehr weit auseinander liegenden, gegensätzlichen Positionen zu widersetzen.

Wir haben gesagt, dass die verfassunggebende Nationalversammlung und später der Reichstag der Weimarer Republik einen Untersuchungsausschuss einsetzen, der langsam auf einem mühseligen Weg zu dem Ergebnis kommt, es habe keine überwiegende deutsche Schuld gegeben. Dieses Ergebnis erweist sich für den traditionelleren Flügel als geeignet, willkommen und passend. Diesem Flügel des politischen und kulturellen Lagers in Deutschland kommt es darauf an, die Schuld des eigenen Landes am Kriegsausbruch zu verniedlichen. Obendrein, und auch dieses Moment soll nicht übersehen werden, gibt es im Bild der deutschen Seite Unterschiede, die sich deutlich hervorheben. Auf der einen Seite ist da der amtierende Kanzler Bethmann Hollweg, der nach dem Zwischenfall mit dem »Daily Telegraph« auf Bülow folgte und in der Historiographie als gemäßigt gilt und manchmal noch heute dafür gehalten wird. Ihm steht im Laufe des Krieges ein extremistischer, so genannter »annexionistischer« Flügel gegenüber, der darauf besteht, dass der Krieg zu territorialen Zugewinnen für Deutschland führen müsse. Bethmann hingegen soll ein Kriegsende ohne Annexionen, einen für die gegen Deutschland kämpfenden Länder eventuell akzeptableren Kompromiss vorgezogen haben.

Es geht mithin um Unterschiede zwischen zwei Linien in der deutschen Politik: auf der einen Seite die »gute«, jene also mit menschlichem Antlitz, würde man heute sagen, nämlich Bethmann Hollweg, und auf der anderen Seite die Anhänger von Annexionen, die Extremisten etc. Und da Bethmann Hollweg der bei Kriegsausbruch amtierende Kanzler ist, ist evident, dass die »geringe« bzw. von derjenigen der anderen Kriegführenden nicht zu unterscheidende Schuld sich gut mit der Vorstellung verbinden lässt, dass gerade der Regierungschef ein »Gemäßigter« gewesen sei und folglich nicht behauptet werden könne, Deutschland habe *den Krieg um jeden Preis* provoziert.

Die Unterscheidung zwischen diesen beiden Richtungen – der bei Kriegsbeginn an der Regierung befindlichen moderaten und der anderen, extremistischen – verträgt sich gut mit den Schlussfolgerungen des Untersuchungsausschusses und den in dieser Zeit veröffentlichten Dokumenten, wonach Deutschland nicht die *Haupt*schuld am Kriegsausbruch trage.

Die Interpretation, die auf eine »gerechte Verteilung« der Schuld aus ist, ist also eine deutsche Sichtweise, die ihren Ursprung bei einem sozusagen moderat-konservativen Flügel hat und die Würde des großen Deutschen Reichs wahrt, indem sie es vor der Anklage in Schutz nimmt, ein unverbesserlicher Kriegstreiber und Anstifter von Kriegen gewesen zu sein. Aber die Vorstellung, dass alle großen Mächte Teil hätten an der Schuld, ist auch eine, nicht unbegründete, Idee sozialistischen, radikalen Ursprungs. Ein Name mag reichen, um diese Interpretation zu charakterisieren, der Name Lenins, der zu diesem Thema berühmte, zugleich politische wie historische Aufsätze geschrieben hat. Sie kreisen um den Kerngedanken, der Imperialismus als solcher, das heißt, die jüngste Phase der kapitalistischen Entwicklung, bringe Konflikte der imperialistischen Mächte untereinander und damit Krieg hervor. Der Imperialismus hat quasi physiologisch die Anlage zum Konflikt, und er hat sie, weil er auf der Konkurrenz zwischen den großen Ländern gründet, die darauf aus sind, die Welt mit dem Ziel der Kontrolle über die Rohstoffe, Märkte und Investitionen aufzuteilen. So macht diese Sicht, die gute Gründe hat, den Dingen auf den Grund geht und das *primum movens* von Konflikten dieses Ausmaßes an der Wurzel in den Blick nimmt, in gewissem Sinn gemeinsame Sache mit der Interpretation gemäßigter deutscher Machart, derzufolge Deutschland nicht der Hauptschuldige ist bzw. lediglich eine gleich große, mit den anderen am Kampf beteiligten Imperien zu teilende Mitschuld trägt, *in primis* natürlich mit dem englischen.

Was dagegen auf der Ebene der historiographischen Interpretation und Debatte wohl nicht vorauszusehen war, ist der Umstand, dass in Deutschland selbst, zwischen den beiden unter kulturellem Gesichtspunkt sehr vitalen Deutschlands, eine Diskussion aufkommen würde, die das Problem der spezifischen deutschen Rolle bei Kriegsausbruch und im Zusammenhang mit den Kriegszielen aufwarf. Dies geschieht in einem der ganz großen Bücher, dem Buch eines Historikers von außergewöhnlichem Rang, Fritz Fischer, das Epoche gemacht hat, als es 1961 zum ersten Mal herauskam. Mit dem Titel *Der Griff nach der Weltmacht* benennt es, was Deutschland mit dem Ersten Weltkrieg tat.

Die Beweisführung, die Fischer in seiner Arbeit – sie wurde fast sofort auch bei Einaudi in der Übersetzung eines großen italienischen Historikers, Enzo Collotti, herausgebracht – darlegt, dreht sich um die Herausarbeitung eines einzigen Wollens, das als *Kriegsziele* beschrieben wird, die die Moderaten ebenso wie die Annexionisten verfolgten. Die Kriegsziele nähern beide Richtungen einander an. Und deshalb, so Fischer, gab es in Deutschland einen spezifischen Drang zum und einen Wunsch nach Krieg. Sie beschleunigten den Konflikt und führten gewissermaßen unweigerlich zum Krieg, jenseits der Tatsache, dass miteinander im Kampf liegende Imperialismen auf jeden Fall Kriege und Desaster hervorbringen.

Das Problem der deutschen Kriegsschuld begleitet uns noch eine Weile bei unserer Rekonstruktion, weil es im Lauf des letzten Jahrhunderts immer wieder aufgegriffen worden ist, zunächst im Zusammenhang mit den Nachwirkungen des Ersten Weltkriegs und dann durch die neue Geschichtsschreibung in den sechziger Jahren.

Indem es die kollektive Verantwortlichkeit der gesamten Führungsgruppe des Reichs, der Gemäßigten wie der Annexionisten hervorhob, zerstörte Fischers Werk eine doppelte Legende, die für die Selbstabsolution der deutschen Historiker charakteristisch ist, dass nämlich der Kanzler Bethmann Hollweg als »moderat« gelten könne. Die Tatsache, dass er der Kanzler gewesen ist, der offiziell, durch das Amt, das er innehatte, die mörderische Operation billigte, mit der die Neutralität Belgiens gebrochen wurde, um die

französische Verteidigung zu umgehen; die Tatsache also, dass er zu
dem Zeitpunkt als Kanzler fungierte, zu dem Belgien vergewaltigt
wurde, ist an sich schon ein sehr negativer Zug für ein Porträt, das
aus ihm einen gemäßigten Staatsmann machen möchte. Die zweite
Legende, die Fischer ins Wanken brachte, ist die von einem positiven Anfang des Konflikts, eine Art Idealisierung von 1914 als dem
Jahr einer heilen Gemeinschaft aller sozialen, geistigen und materiellen Kräfte des Deutschen Reiches, die sich zusammenschließen
gegen eine drohende Gefahr, gegen die unheilvolle und barbarische
russische Lawine aus dem Osten.

Diese zwei Punkte also wurden durch Fischers Rekonstruktion
an der Wurzel getroffen. Nichtsdestoweniger sollte man die schönfärberische Darstellung kennen und zu deuten wissen, um ungeachtet ihrer Unhaltbarkeit ihren Zweck zu verstehen. Was das optimistische Selbstbild von 1914 als idealem und positivem Moment der
deutschen Geschichte angeht, kann man vielleicht an ein anderes
berühmtes Buch erinnern, in dem es eine Rolle spielt. Dabei geht
es mir darum, deutlich zu machen, welche Geschichtsbetrachtung
dieser Vorstellung zu Grunde liegt. Der zentrale Punkt ist die Gemeinschaft der Klassen. Sozialistische Arbeiter und Adlige, Bürger
und Militärs, alle miteinander vereint, weil 1914 das ganze deutsche
Volk gefühlt hat, dass es eine Gefahr von außen gab, den Zarismus
mit seiner Menschenlawine, die die viel fortgeschrittenere deutsche
Zivilisation zu zermalmen drohte. Deshalb nahm jede soziale Klas-
se, jede Partei den Ernst der Stunde wahr und wollte sich zu einem
einzigen Bündel aller Kräfte vereinen, um dieser dramatischen Be-
drohung zu widerstehen.

Es ist Friedrich Meinecke, der große Berliner Historiker, der bis
nach dem Zweiten Weltkrieg gelebt hat, aber schon Zeuge und Teil-
nehmer des Ersten war, auf den ich soeben angespielt habe. Nach
dem Ende Hitlers schreibt er besagtes Buch mit dem Titel *Die deutsche
Katastrophe*, in dem er die deutsche Geschichte bis zum schrecklichen
Ende, dem Hitlerismus, umreißt. Diesem schreibt er die Verantwor-

tung für die Katastrophe zu und sieht in ihm den Kulminationspunkt einer Rechten, die es bereits in den pangermanischen Pressure Groups vom Schlag des Alldeutschen Verbands gab wie auch in der »Deutschen Vaterlandspartei« und in der Obersten Heeresleitung. In Anbetracht dieser Kontinuität, die in den Hitlerismus mündet, sieht Meinecke hingegen ein großes positives Moment im Jahr 1914:

> »Die Erhebung der Augusttage 1914 gehört für alle, die sie mit-erlebt haben, zu den unverlierbaren Erinnerungswerten höchster Art – trotz ihres ephemeren Charakters. Alle Risse, die im deut-schen Menschentum sowohl innerhalb des Bürgertums wie zwi-schen Bürgertum und Arbeiterschaft bisher bestanden hatten, überwölbten sich plötzlich durch die gemeinsame Gefahr, die über uns gekommen war und uns aus der bisher genossenen Sekuri-tät materiellen Gedeihens herausriss.« (Die deutsche Katastrophe, Wiesbaden 1946, S. 43)

Aber diese Situation ist schnell zu Ende:

> »Schon im Jahre 1915 war es zu spüren, dass die Augustsynthese geistiger und sozialer Kräfte nicht mehr lange dauern würde. Von der rechten wie von der linken Seite her wurde sie gleichzeitig ab-gebröckelt.« (Ebd., S. 45)

Das Bild, das Meinecke zeichnet, ist erhellend und gut geeignet, um zu verstehen, welche schönfärberische Vorstellung sich selbst in der fortschrittlichen deutschen Kultur festgesetzt hatte – und Meinecke verkörpert eine fortschrittliche Kultur –, bis dahin gehend, den Au-gust 1914 als äußerst positiven Augenblick der deutschen Geschich-te zu betrachten. Von ihm sei man abgekommen, weil die annexio-nistische Rechte wie die pazifistische Linke diesen Traum zerstört hätten. Diesem Bild versetzt Fritz Fischer einen gewaltigen Schlag, als er den dokumentarisch belegten Nachweis führt, dass die ge-samte Führungsgruppe, also nicht nur Ludendorff, Hindenburg und Ihresgleichen, sondern auch der gemäßigte Bethmann Hollweg, die Feindseligkeiten mit einem klaren Konzept an *deutschen Kriegszielen* im Kopf eröffnen.

Eine »Kettenreaktion«

Neben dieser Reflexion über Oberfläche und Substanz – die Oberfläche ist die Propaganda, die Substanz bilden die tieferen Ursachen des Konflikts – sollen die unmittelbaren militärischen Ereignisse nicht unerwähnt bleiben.

Wir haben die arme serbische Regierung mit der enormen Enttäuschung zurückgelassen, dass Österreich nicht einmal eine Antwort auf das Ultimatum hören will. Wie kam es zu diesem Knalleffekt? Es kam dazu, weil die russische Regierung während der Stunden, in denen das Ultimatum ablief, eine *Teil*mobilmachung anordnete. Dies ist zwar eine militärische Maßnahme, lässt aber mitnichten keinen Ausweg mehr offen. Sie gibt jedoch zu verstehen, dass die betreffende Regierung mit dem Schlimmsten rechnet und Krieg für die wahrscheinlichste Option erhält. Österreich hat nur darauf gewartet, klar und deutlich eine solche Mobilmachung bestätigt zu bekommen, fasst sie als Mobilmachung schlechthin auf, erklärt am 28. Juli Serbien formell den Krieg und bombardiert am nächsten Tag Belgrad. Für Serbien kommt die Bombardierung seiner Hauptstadt überraschend, weil man angesichts des sehr großen Entgegenkommens gegenüber den österreichischen Forderungen wahrscheinlich eine andere Reaktion erwartet hatte.

Aber die Bombardierung Belgrads löste Kettenreaktionen aus, und die Klauseln der diversen internationalen Bündnisse treten automatisch in Kraft. *In primis* »schnappt« die Triple Entente zu, und binnen achtundvierzig Stunden wird der österreichisch-serbische Konflikt zum europäischen Krieg. Der Zar mobilisiert dieses Mal das *gesamte* russische Heer. Als am 30. Juli Russland Generalmobilmachung verkündet, sind kaum zwei Tage seit der Bombardierung Belgrads vergangen.

Auf die russische Generalmobilmachung, die mit Ostpreußen strategisch die Ostgrenze des Deutschen Reichs als primäres Ziel haben wird, antwortet Deutschland mit einer Kriegserklärung an

Russland: am 31. Juli. Nun entfaltet sich eine gleichsam schicksal-
hafte Verkettung. Was den Leser der Quellentexte am meisten erstaunt, ist, dass Österreich Serbien attackiert, Russland mobil macht
und Deutschland Russland den Krieg erklärt. Diese Vorgehensweise
kommt einem gewissermaßen verwickelt vor, sie ist aber der Effekt
der Abkommen, die eben dies mit sich bringen. Wenn eines der
verbündeten Länder sich in einem nicht gewollten Kriegszustand
befindet, kommt ihm der andere Bündnispartner automatisch zu
Hilfe, und weil Russland Österreich bedroht, erklärt Deutschland
als Alliierter Österreichs seinerseits Russland den Krieg.

Nach seiner Kriegserklärung an Russland erklärt Deutschland
am 2. August auch Frankreich den Krieg. Warum? Weil die deutsche Regierung als voraussehbar annimmt, dass Frankreich an der
Seite Russlands intervenieren werde. Auch das ist äußerst symptomatisch. Bekanntlich gibt es ein bilaterales französisch-russisches
Bündnis, wie es auch ein französisch-englisches gibt. Es ist nicht
klar, aber zu vermuten, dass Frankreich sich auf die Seite Russlands
schlagen und damit die deutsche Westgrenze bedrohen wird.

Dem kommt Deutschland zuvor. Von diesem Moment an ist der
Krieg rundum europäisch. Der moderate Bethmann Hollweg ist der
Kanzler, der auch Frankreich den Krieg erklärt und wahr werden
lässt, was bereits erwähnt wurde: den Überraschungscoup der deutschen Obersten Heeresleitung. Um den Blitzkrieg gegen Frankreich
durchzuführen, verletzt man die Neutralität Belgiens und Luxem-
burgs. Zwei Länder, die theoretisch von jedem Kriegsrisiko ausgeschlossen sein sollten, weil sie ja keinerlei Pakt angehören, werden
besetzt, nachdem sie brutal überrannt worden sind.

Und Belgien wird sehr bald zur Frage aller Fragen. Es entwickelt
sich zu einem Paradebeispiel für die Propaganda der Entente, weil
Deutschland sich mit dieser Aggression diplomatisch gesehen in
eine unhaltbare Lage bringt. Belgien seinerseits setzt, für die Deutschen wahrscheinlich völlig unerwartet, der Invasion einen zähen
und sehr tapferen Widerstand entgegen. Die ursprüngliche Idee,

Belgien im Handstreich zu okkupieren und dann innerhalb von sechs Wochen auch gleich Frankreich in die Knie zu zwingen, bricht sich an der Wirklichkeit. Nennen wir die Daten: Am 20. August, erst am 20. August, wagen es die Deutschen, Brüssel zu nehmen. Und schon bei Lüttich, der Aachen und der deutschen Grenze am nächsten gelegenen Gegend, treffen sie auf einen mörderischen Widerstand. In der patriotischen Rhetorik Belgiens wird dieser Widerstand mit dem an den Thermopylen verglichen, wo die Spartaner ihre Stellung bis zum Tode hielten, um die Perser bei ihrer Invasion 480 v. Chr. nicht durchkommen zu lassen.

Der westlichste Ort Belgiens kapituliert am 15. November. Bis dahin sind die Deutschen auf belgischem Territorium gebunden – nicht gerade ein Blitzkrieg! Die sechs Wochen, in denen Paris, Nancy und wer weiß welche französischen Städte noch kapituliert haben sollten, sind verstrichen, quasi verbrannt in einem äußerst harten und für die Oberste Heeresleitung in dieser Form völlig unerwarteten Feldzug.

Die anglo-russische Allianz

Belgien hat sich für die Deutschen also als äußerst harter Brocken erwiesen. Um das eher kleine Gebiet dieses Königreichs zu erobern, brauchten ihre Truppen fast den ganzen Sommer und Herbst und sie gelangten erst Mitte November an die belgisch-französische Grenze, wo doch die Feindseligkeiten schon am 4. August begonnen hatten.

Aber der Einsatz gegen Belgien ist auch der Dreh- und Angelpunkt zu Kriegsbeginn, der die folgenden Ereignisse weitgehend bestimmt. Warum diese Entscheidung, die Rechte eines neutralen Landes mit Füßen zu treten? Diese Frage stellten sich auch schon die Zeitgenossen. Die Antwort lautet: Weil es offenbar einen Vorteil zu erzielen galt, auch wenn dafür ein Preis zu bezahlen war. Der erhoffte Vorteil war der Fall Frankreichs. Ein im Rücken seiner an der deutschen Grenze aufmarschierten Streitkräfte angegriffenes Frankreich hätte schnell kapitulieren müssen. Dieser Plan enthielt eine zweite Phase: War Frankreich erst einmal durch einen Blitzkrieg bezwungen, würde sich der Angriff auf Russland verlagern können, und England würde dabei zusehen müssen. Wie gesehen, wurde daraus nichts, weil Belgien mit seinem Widerstand diesen Plan vereitelte. Sodann muss erwähnt werden, dass Frankreich im September, noch vor dem vollständigen Fall Belgiens, mit der berühmten Marne-Schlacht die deutschen Truppen abwehrte, so dass diese sich anschließend mit einem äußerst harten und zermürbenden Grabenkrieg abfinden mussten.

Der erhoffte Vorteil ist also nicht eingetreten. Der Preis dagegen ist bezahlt worden und er war gesalzen.

Dieser Preis, der von jenen angeblich Gemäßigten wie Bethmann Hollweg befürchtet wurde, war der Kriegseintritt Englands. Sie hätten eine wahllose Ausweitung des Konflikts lieber vermieden. Doch England konnte nicht einfach zusehen, wie sich gegenüber seiner Küste auf der anderen Seite des Ärmelkanals unangefochten eine Hegemonie über den Kontinent etablierte, wie ein siegreiches Deutschland sie errichtet hätte. So war der Kriegseintritt Englands fast unvermeidlich. Vergessen wir nicht die *longa manus*, die England durch seine Geheimdienste auf der anderen Seite des Kanals hatte, in Antwerpen, das seinerzeit schon Napoleon als eine »auf England gerichtete Pistole« bezeichnet hatte.

Der andere zu zahlende Preis, besteht offensichtlich darin, dass das dem Dreibund angehörende neutrale Land, Italien nämlich, alleine schon durch die Tatsache alarmiert ist, dass Neutralität mit solcher Leichtigkeit mit Füßen getreten wird. Italien hat sich selbst für neutral erklärt, was der Vertrag des Dreibundes durchaus als Möglichkeit vorsah. Doch nun muss es als neutrales Land befürchten, dass seine eigene Neutralität bei militärischen Umständen, die sich

zufällig ergeben könnten, mit gleicher Bedenkenlosigkeit behandelt
würde wie die Belgiens.

Unter dem Strich: ein sehr hoher Preis und ein geringer Nutzen.

Die militärisch bedeutsamste Tatsache stellt die anglo-russische
Allianz dar. Sie führt zu einer furchterregenden mächtigen Einkrei-
sung, die die Mittelmächte umfasst. (Diese Allianz bewirkt übrigens
auch das vorsichtige Verhalten Japans in Asien. Japan will nicht zu
sehr in den Konflikt hineingezogen werden, es könnte sich am Ende
sonst Seite an Seite mit dem Russischen Reich wiederfinden, zu dem
es doch in einem mehr oder weniger latenten Spannungsverhältnis
steht.) Das anglo-russische Einvernehmen ist das tragende Element
bei Verhandlungen, die im Geheimen stattgefunden hatten, und
stellt die gewichtigste Perspektive für die weitere Entwicklung des
Krieges dar. Russland hat ein immenses Potenzial an Menschen,
vor dem die Deutschen Angst haben, eine unaufhaltsame mensch-
liche Flutwelle an ihrer Ostgrenze. Und England hat die mächtigste
Kriegsflotte der Welt, auch wenn Deutschland alles daran gesetzt
hatte, es ihm gleich zu tun. Beide Faktoren zusammengenommen
verheißen also ein Ungleichgewicht zwischen den beiden Lagern
zu Gunsten der Entente und insbesondere der englisch-russischen
Allianz.

Zu dieser Allianz war man über mühseliges Verhandeln gelangt,
das auch Schatten, Zweifel und Unsicherheiten der englischen politischen Spitze hatte ausräumen müssen, in der sich im Prinzip unterschiedliche Standpunkte die Wage gehalten hatten. Insbesondere
der Außenminister Lord Grey, der über seine persönliche Befähi-
gung hinaus allein schon aufgrund seiner Stellung eine Schlüssel-
figur ist, lehnt Englands Kriegseintritt bis zuletzt vehement ab. Er
setzt auf Neutralität, keine pro-deutsche, aber doch Neutralität.

Anders der Marineminister, kein anderer als Winston Churchill,
damals noch ein junger Politiker, der ein wenig als Habenichts und
Abenteurer gilt, als exzentrische Person. Er war bei den Konservativen gewesen, bei ihnen dann ausgetreten und jetzt ein unabhän-

giger Liberaler – die amtierende Regierung selbst ist überwiegend liberal, mit einem Vertreter der »Linken« als Mitglied. Churchill ist von der Notwendigkeit des Konflikts absolut überzeugt und treibt unermüdlich den Kontakt mit Russland voran. Diesem müsse man etwas Substantielles anbieten, damit es sich wirklich auf einen Krieg einlasse.

Damit berühren wir ein besonders wichtiges Thema, den Umstand nämlich, dass der Schein, also das, was auf der Ebene der Propaganda oder auch der Diplomatie gesagt wird, stets nur Oberfläche und äußere Schale einer Wirklichkeit ist, die ganz andere Inhalte hat. Die äußere Schale für das Russische Reich war die Verteidigung der Slawen, so die Serbien zugesagte Protektion. Aber die Substanz ist eine andere. Es ist das Bestreben, das zusehends schwächer werdende Osmanische Reich bei der Kontrolle über die Balkanhalbinsel und die Meerengen abzulösen. Die Beherrschung letzterer würde der russischen Flotte die Durchfahrt vom Schwarzen Meer in die Meere des Südens erlauben. Somit stellt sich die Frage, welche Konzessionen die westlichen Großmächte, *in primis* England, bereit waren, Russland in diesem Punkt nach einem eventuellen künftigen Sieg zu machen.

Die Geheimverhandlungen zwischen England und Russland, von denen die nach und nach frei gegebenen Dokumente nur zum Teil Rechenschaft ablegen, drehen sich darum, in wessen Händen Thrakien – ein Gebiet, das wir heute nicht mehr so nennen –, in dem Istanbul liegt und das einerseits an das Schwarze Meer, andererseits an die Dardanellen reicht, fallen würde. Welche Garantien war England bereit, Russland für eine Kontrolle dieses strategisch neuralgischen Nadelöhrs zwischen dem Schwarzen und dem Mittelmeer zu geben? Auf diesem Terrain gelangt die Verhandlung zu einem Kompromiss. England verpflichtet sich, das »vorherrschende Interesse« Russlands in diesem Gebiet anzuerkennen. Russland akzeptiert diese Versicherung, wohl wissend, dass sie keine wirklich »freie Hand« in dieser sensiblen Region bedeutet. Sie stellt aber immerhin einen beachtlichen Schritt nach vorn dar. Das also ist hinter den Kulissen der Grund, weshalb die Allianz sich lohnt und weswegen England schließlich die belgische Frage offensichtlich zum Vorwand nimmt und in den Krieg eintritt. Es weiß, dass auch Russland sich voll engagiert, das wiederum hierzu bereit ist, weil es seinerseits weiß, dass England garantiert hat, die Kontrolle über die Meerengen werde eines Tages zumindest Gegenstand konstruktiver Gespräche sein.

Das ist ein »Tauschhandel«, der darin besteht, dass England auf dem Balkan nachgibt, die Frage der Kontrolle über die Meerengen offen lässt, aber im Gegenzug die gewaltige Schlagkraft der russischen Kriegsmaschine hinter sich hat, um gegen Deutschland anzugehen und es zu stoppen.

Seit Jahrhunderten war England geradezu eifersüchtig darauf bedacht, dass sich auf dem europäischen Kontinent keine vorherrschende Macht breit machte. Im Grunde bestand genau darin das Motiv der unerbittlichen Feindschaft gegen Napoleon. Dieser hatte so viele Schritte unternommen, um den Charakter der Revolution, der seine Macht entstammte, sozusagen als eines Flächenbrands zu ersticken. Aber das war nie genug, und England hat die französische Hegemonie über den Kontinent, die Kehrseite der Errichtung des französischen Kaiserreiches, nicht akzeptiert. Genauso kann es jetzt nicht akzeptieren, dass das Deutsche Reich die Grenzen Deutschlands überschreitet und sich auf den Ärmelkanal verlegt. Darin kann man nicht zurückweichen.

Mithilfe der ihm verbündeten Kräfte ist England – das ja auch über ein gigantisches weltweites Hinterland verfügt – im Stand, auch gegen die deutschen Kolonialbesitzungen in Afrika einen sehr harten Schlag zu führen, gegen jene kolonialen Besitzungen mithin, die Gegengabe für den deutschen Rückzug zur Zeit des »Panthersprungs nach Agadir« gewesen waren.

Umgekehrt weiß der Kaiser, dass die Einnahme Belgiens es *ipso facto* mit sich bringt, die riesigen Vorräte an Bodenschätzen in die Hand zu bekommen, die der Kongo beherbergt. Und so kann man gut auf die Konzessionen in Peking oder auf das südliche Afrika verzichten, wenn man dafür freie Bahn im Kongo bekommt. Hier wird nochmals sichtbar, wie sehr die großen Interessen an der Aufteilung der Kolonialgebiete das Rückgrat oder – falls man diesen so spirituellen Begriff verwenden mag – sogar »die Seele« des in Gang befindlichen Konflikts bilden.

Der Belgienfeldzug und der »Krieg der Geister«

Die Art von Krieg, die die Deutschen gegen Belgien führten, ist auch deshalb erwähnenswert, weil sich um dieses Geschehen Polemiken, heftige Anschuldigungen, Gegendarstellungen, Widerlegungen und Dementis ranken, die den gesamten Verlauf des Konflikts prägten und noch heute oftmals Gegenstand von Auseinandersetzungen sind.

Deutschland wird beschuldigt, einen Krieg terroristischen Charakters zu führen, der nicht einmal wertvolle Kulturgüter der Menschheit verschont, so etwa bei der berüchtigten – wie es gemeinhin heißt irrtümlichen – Beschießung der Bibliothek von Löwen, einer der wertvollsten Bibliotheken der Welt. (»Intelligente« Bomben sind keine neue Erfindung, es gab sie auch früher schon und sie waren nie intelligent. Wenn sie einschlagen, tun sie das auf katastrophale Weise und sie vernichten dabei Kulturgüter, die der Menschheit Stück für Stück verloren gehen. Sogleich ist dann immer auch die Behauptung zur Hand, es habe sich dabei um »einen Irrtum« oder einen ungewollten »Kollateralschaden« gehandelt.)

Jedenfalls bestand das Ziel darin, die Bevölkerung zu terrorisieren. Belgien sollte möglichst schnell in die Knie gezwungen werden, um es daran zu hindern, weiterhin den deutschen Vormarsch

aufzuhalten. Die Deportation von Bürgern, Übergriffe gegen die
Zivilbevölkerung, all das wurde in der Hoffnung begonnen, diesen kleinen Staat schnellstens niederzuwerfen und freie Hand zu
bekommen. Aber natürlich gab es auf der Gegenseite nicht nur
einen bewundernswerten Widerstand, sondern auch die Fähigkeit,
Informationen zu verbreiten, zu dramatisieren, der Welt die von
den Aggressoren verübten Verbrechen zu enthüllen und sie mithin
vor der weltweiten öffentlichen Meinung in eine extrem schwierige
Lage zu bringen.

Diese Art von Widersetzlichkeit, militärisch und »medial« zugleich, bringt auch etwas unter militärtechnischen Gesichtspunkten
interessantes Neues mit sich, nämlich den Partisanenkrieg. Es treten
die belgischen Freischärler in Erscheinung, die die Besatzungstrup-
pen, das Heer des Aggressors, attackieren und ihm mit Aktionen zu
schaden versuchen, die bisweilen vollkommen unangemessen als
terroristisch bezeichnet werden. Von deutscher Seite hieß es in der
Tat, es sei belgischer »Terrorismus« gewesen, auf den mit dem harten und repressiven und nun seinerseits terroristischen Vorgehen,
über das die Weltöffentlichkeit Rechenschaft fordere, zu reagieren
man gezwungen gewesen sei. Die Deutschen verstanden es nicht,
dieser unerwarteten Konsequenz des Konflikts angemessen zu begegnen. Die Gegenseite dagegen wusste diesen propagandistischen
Aspekt der Frage sehr erfolgreich zur Geltung zu bringen. Darüber
hinaus begingen die Deutschen in Belgien einen Fehler, den eine
Macht, die die Herrschaft auszuüben beabsichtigt, vermeiden sollte:
über die Intellektuellen herzufallen.

Gleich nach der Einnahme von Gent, dieser großen Universitäts-
stadt, befand sich unter den in Arrest Genommenen auch der große
belgische Historiker Henri Pirenne. Er und andere Universitätskol-
legen wurden in ein Konzentrationslager gebracht. Die Grundidee
war, Belgien wehrlos zu machen und es geradezu jeglicher Art von
Ressourcen zu berauben. Wir wissen viel darüber, weil Pirenne später alles in einem außerordentlichen Erinnerungsbuch erzählt hat.

Es ist eine sehr interessante Lektüre. Nun erschien Deutschland, das Land mit der größten universitären Intellektuellenschicht Europas und für ganz Europa ein Lehrmeister, in einem finsteren Licht. Es griff nicht nur die gegnerischen Heere an, sondern terrorisierte auch die Zivilbevölkerung und es versuchte sogar, das als Opfer auserkorene Land zu treffen, indem es seine intellektuellen Strukturen ins Visier nahm und sein akademisches Personal ausschaltete. Das ist etwas Neues im Verhalten von Aggressoren, und natürlich blieb eine ganz spezifische Reaktion der intellektuellen Welt Europas nicht aus. Sie wurde seinerzeit als »Krieg der Geister« bezeichnet, wobei unter »Geister« die großen Intellektuellen, die Akademiker, die Literaten zu verstehen sind. In diesem Krieg engagierte sich die Intelligenz aller im Kampf befindlichen Länder in Formen, die man sich gut vorstellen kann, nämlich in »Appellen« an die öffentliche Meinung der Welt.

An derartigen Appellen von Seiten intellektueller Kräfte gab es ziemlich viele in den ersten Kriegsmonaten. Wir können nicht an alle erinnern, zumal sie sich oft wiederholten. Doch einer muss hervorgehoben werden. Weil die Deutschen auf diesem Gebiet sicherlich in der Defensive sind, müssen sie die Anklagen widerlegen, deren Ziel sie sind, während es auf der anderen Seite auch nicht an maßlosem Nationalismus mangelt. Ein französischer Historiker und Verfasser eines sehr berühmten Buches, *L'Allemagne Contemporaine*, Edmond Vermeil, hat in diesem schönen Essay geschrieben: »Nur wenige Künstler oder Schriftsteller konnten dem Delirium des allgemeinen Enthusiasmus und der heiligen Einheit widerstehen«. Dies ist ein Phänomen, das die Grenzen überschreitet, auch wenn es später zur – übrigens eher diskussionswürdigen – Tradition wird, den Einsatz der deutschen Intellektuellen und Akademiker als besonders stark und kompromittierend zu betrachten.

Von den vielen Texten, an die bezüglich des »Kriegs der Geister« erinnert werden könnte, kommt dem berühmten »Manifest der 93« zweifellos ein exponierter Platz zu. Dieser Aufruf von 93 deutschen

Universitätsprofessoren *An die Kulturwelt* ist eine Replik auf all das, was die feindliche Propaganda besonders in der Folge der Invasion Belgiens angesammelt hatte.

Dieser Text wurde am 4. Oktober 1914 mit 93 Unterschriften in einer Zeitschrift namens »Europäischer Geschichtskalender« veröffentlicht, in den wichtigsten Weltsprachen verbreitet und an führende europäische und US-amerikanische Persönlichkeiten geschickt. Deutschland hatte immer ein aufmerksames Auge auf die USA. Diese sind streng neutral im Krieg, der in Europa tobt, trotz ihrer traditionellen Bindung an England, die sich zwar im Lauf des Kriegs und danach verstärken wird, 1914 aber noch nicht so automatisch und so ohne Schattierungen bestand, wie es uns ein Jahrhundert später vorkommen mag.

In den USA haben die Deutschen interessante kulturelle Verbindungen. Große Akademiker hatten hier Lehraufenthalte gehabt. An der Columbia University war Eduard Meyer gewesen, einer der größten deutschen Historiker dieser Epoche, später Rektor der Berliner Universität. Er ist in den Vereinigten Staaten gewesen, hat die Geschichte der US-amerikanischen Mormonen studiert und ein wunderschönes Buch darüber geschrieben. Es gibt alles in allem in den Vereinigten Staaten eine Solidarität, die die Deutschen geltend machen wollen, um dort aufmerksame und sensible Zuhörer zu finden.

Die andere Macht, an die Deutschland und besonders Österreich ihre Propaganda bzw. Gegenpropaganda richten, ist der Vatikan. Über ihn wird noch zu reden sein. Es darf nicht vergessen werden, dass Österreich der größte und einzige große katholische Staat ist, der auf dem Weltschachbrett übrig geblieben ist. Von den anderen am Krieg beteiligten Großmächten lebt Frankreich »in Trennung« von der Kirche, ist England ein Land mit anglikanischer Konfession und Staatsreligion, hat Deutschland sogar zwei offizielle Religionen. Deshalb beobachtet man in Österreich das Papsttum als den großen Verbündeten sehr genau, denn es kann der eigenen Sache dienen.

An diese großen internationalen Gesprächspartner richtet sich

der Text der 93. Nach seiner ersten Veröffentlichung wurde er wei-
terverbreitet und gewann abertausend Unterschriften im ganzen
Reich. Wir gehen ihn nur durch, um den Charakter seiner Punkt
für Punkt erfolgenden Zurückweisung der Anschuldigungen heraus-
zuarbeiten, die gegen die Art der Kriegführung der beiden Mittelmächte im Umlauf waren.

> »Es ist nicht wahr«, so beginnt der Aufruf *An die Kulturwelt*, »dass
> Deutschland diesen Krieg verschuldet hat. (...) Oft genug hat Wil-
> helm II. in den 26 Jahren seiner Regierung sich als Schirmherr des
> Weltfriedens erwiesen. (...) Es ist nicht wahr, dass wir freventlich
> die Neutralität Belgiens verletzt haben. Nachweislich waren Frank-
> reich und England zu ihrer Verletzung entschlossen. Nachweislich
> war Belgien damit einverstanden. Es ist nicht wahr, dass eines ein-
> zigen belgischen Bürgers Leben und Eigentum von unseren Sol-
> daten angetastet worden ist, ohne dass die bitterste Notwehr es
> gebot. Denn immer und immer wieder (...) hat die Bevölkerung
> sie aus dem Hinterhalt beschossen, Verwundete verstümmelt, Ärz-
> te bei der Ausübung ihres Samariterwerkes ermordet. Man kann
> nicht niederträchtiger fälschen, als wenn man die Verbrechen die-
> ser Meuchelmörder verschweigt, um die gerechte Strafe, die sie
> erlitten haben, den Deutschen zum Verbrechen zu machen.«

Dieser Absatz, länger fast als die drei vorhergehenden, ist sehr
symptomatisch, denn er beinhaltet die typische Rechtfertigung eines
Besatzerheeres für die Repression gegen den Partisanenkampf: Wir
Besatzer haben keinen unbeteiligten belgischen Bürger angetastet,
die Belgier haben den deutschen Soldaten Hinterhalte gelegt und
damit die gerechte Strafe provoziert, die ihnen auferlegt wurde.
Man meint, von der *Via Rasella*[2] reden zu hören, es scheint dies eine
Geschichte zu sein, die sich wiederholt.

---

2   In der *Via Rasella* in Rom brachten am 23. März 1944 italienische Wider-
     standskämpfer eine Bombe zur Explosion, die 33 Angehörige eines deut-
     schen Polizeiregiments tötete. Die deutschen Besatzer nahmen schreck-
     liche Rache und ermordeten in den *Fosse Ardeatine*, den ardeatinischen
     Höhlen, 335 willkürlich verhaftete Anwohner, Passanten, politisch Miss-
     liebige und Juden. Dieses Kriegsverbrechen wurde zum Synonym der
     zahlreichen Nazi-Verbrechen auf italienischem Boden.

»Es ist nicht wahr, dass unsere Truppen brutal gegen Löwen ge-
wütet haben«. Hier ist es ein bisschen schwierig, glaubwürdig zu
bleiben, denn die Bibliothek wurde niedergebrannt:

> »Der größte Teil von Löwen ist erhalten geblieben. Das berühmte
> Rathaus steht gänzlich unversehrt. Mit Selbstaufopferung haben
> unsere Soldaten es vor den Flammen bewahrt. (…) Aber so we-
> nig wir uns in der Liebe der Kunst von irgendjemand übertreffen
> lassen, so entschieden lehnen wir es ab, die Erhaltung eines Kunst-
> werks mit einer deutschen Niederlage zu erkaufen«.

Dieser zweite Teil des Abschnitts deutet implizit an, dass man in
Notsituationen ein Kunstwerk auch zerstören kann, nämlich nicht
»die Erhaltung eines Kunstwerks« gegen »eine deutsche Niederlage« eintauscht.

Für die Geschichte ist festzuhalten, dass Deutschland später,
nach der Niederlage, neben anderen ihm auferlegten Bedingungen
des Versailler Friedensvertrags die Bibliothek von Löwen Buch für
Buch wiederherzustellen hatte. Und ebenfalls für die Geschichte fü-
gen wir hinzu, dass diese dann zu Beginn des Zweiten Weltkriegs,
bei der zweiten Invasion Belgiens durch Deutschland, noch einmal
zerstört wurde. In diesem Sinn ist Löwen – besonders mit Blick auf
seine Bibliothek – eine »Märtyrerstadt«.

> »Es ist nicht wahr, dass unsere Kriegführung die Gesetze des Völker-
> rechts missachtet. (…) Sich als Verteidiger europäischer Zivilisation
> zu gebärden, haben die am wenigsten das Recht, die sich mit Russen
> und Serben verbündeten und der Welt das schmachvolle Schauspiel
> bieten, Mongolen und Neger auf die weiße Rasse zu hetzen«.

Dieser monströse Absatz enthüllt sehr deutlich die mentale Grund-
stimmung dieser intellektuellen Schicht, höchst feinsinnig noch und
noch, kultiviert, gelehrt etc., aber rassistisch. Aus diesem Grund
werden die farbigen Truppen, die das britische Commonwealth und
die *dominions* England zur Verfügung stellen, wie auch die farbigen
Soldaten des französischen Heeres zum Stein des Anstoßes: »Mongolen und Neger auf die weiße Rasse« gehetzt.

»Es ist nicht wahr, dass der Kampf gegen unseren so genannten Militarismus kein Kampf gegen unsere Kultur ist. (...) Ohne den deutschen Militarismus wäre die deutsche Kultur längst vom Erdboden getilgt«: Zum Thema Militarismus werden noch einige Betrachtungen angestellt werden.

Propagandakrieg

Angesichts des Niveaus, das der intereuropäische Intellektuellenkrieg 1914 und in den Folgejahren erreicht und noch weit in die Nachkriegszeit hinein behalten hat, ist es hilfreich, nochmals auf das Manifest der 93 Berliner Universitätsprofessoren einzugehen. Sein hervorstechendes Merkmal ist die Entkräftung der gegen Deutschland erhobenen Anschuldigungen, Punkt für Punkt, mit ihrem Refrain: »Es ist nicht wahr, es ist nicht wahr«.

Die Anklage, die die Unterzeichner am vehementesten zurückweisen, ist die, die Kultur werde von Deutschland mit Füßen getreten – und deshalb wenden Sie sich *An die Kulturwelt.* Die gesamte Propaganda der Entente zielt darauf, dass die Deutschen auf der Kultur herumtrampeln, dass sie Barbaren sind, Teutonen, Wilde, Hunnen – es wimmelt von solchen Vergleichen. Besonders in Italien 1914/15, zuerst in der Zeit der Neutralität, dann zu Beginn des Kriegseintritts, schlagen die nationalistische Presse und chauvinistischen Schriftchen beharrlich und ausschließlich diese Saite an und lancieren wieder den Gegensatz zwischen Lateinern und Germanen, mit den Lateinern in der Rolle der Kulturträger.

Unter dem Strich: Wenn die Deutschen außer sich gerieten, so sind ihnen die anderen zur Hand gegangen! Also geben die Unterzeichner des Manifests in dieser Dauerpolemik zur Verteidigung der eigenen Ehre die Anschuldigung zurück und sagen: Genau die, die sich als Beschützer der europäischen Kultur aufspielen, also *vor al-*

lem England und Frankreich, haben sich mit den Russen und den Serben verbündet. Schon das ist interessant, weil Russland – neben Serbien – als per se minderwertig dargestellt wird. Es gibt eine berühmte Stelle in einer um jene Zeit in Deutschland erschienenen *Weltgeschichte*, herausgegeben von einem großen Gelehrten, Julius von Pflugk-Harttung, wo ein Vergleich zwischen England und Russland gezogen wird. Sein Kern lautet:

> »Sie scheinen offensichtlich beide europäische Länder zu sein, aber England ist unbestritten und unbestreitbar eine Wiege der Kultur, Russland ist das Reich des barbarischen, ungebildeten *Muschik* mit einer winzigen, mehr oder weniger europäisierten *Elite*«.

Wenn die Russen als per se minderwertig beschrieben werden, so werden die Serben – kriegslüstern, zum Attentat aufgelegt, schnell mit der Pistole zur Hand, ungezähmten Sinnes, zur Guerilla bereit – als eine, womöglich niedrigere, Art der slawo-russischen Gattung angesehen. Und dann ist da noch das Schauspiel mit den farbigen Truppen…

Wir haben die Einstellung der 93 Professoren rassistisch genannt. Aber bis zu welchem Punkt waren nicht auch ihre Gegner Rassisten? Zweifellos drückt sich diese Geisteshaltung in dem von den Deutschen benutzten Argument aus, Mongolen und Neger als minderwertige Völker gegen die weiße Rasse aufzustacheln, sei verbrecherisch, mit dem die Engländer und Franzosen in ein schlechtes Licht gerückt werden sollen. Aber eine solche Einstellung äußert sich gewiss auch in der öffentlichen Meinung der Gegenseite. Auch wenn man dort zwar farbige Truppen einsetzt, fühlen sich die Bürger dennoch eben deshalb unwohl, weil farbige Soldaten – vielleicht nützlich, weil besonders effizient – dann auch die Armeen der jeweiligen Länder repräsentieren, sie gar kennzeichnen. Der Rassismus ist nicht nur für die deutsche Seite charakteristisch.

»Es ist nicht wahr«, fahren die Professoren fort, »dass der Kampf gegen unseren so genannten Militarismus kein Kampf gegen unsere

Kultur ist«. Ihr – das ist die Anschuldigung, die sie zurückgeben –
behauptet, den deutschen Militarismus vernichten zu wollen, aber
die deutsche Kultur zu bewahren. Goethe, Beethoven, Kant – diese
großen Namen, die Teil des geistigen Welterbes sind, konnte auch
die Entente nicht als barbarische Germanen herabsetzen. Also traf
man eine Unterscheidung: auf der einen Seite der deutsche Militarismus – den müssen wir beseitigen, doch dann auf der anderen
Seite die große deutsche Kultur – sie ist nicht nur zu respektieren,
sondern sogar aus dieser tödlichen Umarmung des Militarismus zu
befreien. Und die Professoren antworten: Ohne den deutschen Militarismus wäre unsere Kultur bereits vom Erdboden getilgt. Der
Ton ist ein wenig überheblich, und dennoch ist zumindest eine Teil-
wahrheit in dieser polemischen Formulierung. Sie ist, wenn wir so
wollen, als Gedanke an sich nicht schlecht, aber doch eher schlecht
vorgebracht. Denn, so die Professoren, hätte das Preußen der »Frei-
heitskriege« gegen Napoleon nicht die militärische Kraft gehabt,
sich der französischen Vorherrschaft zu widersetzen, wäre auch diese große deutsche Kultur schließlich von einer mächtigeren und,
im wörtlichen Sinne, besetzenden Kultur, der französischen also,
überschwemmt worden. Um das zu wiederholen: Wir bewegen uns
auf schmierigem Denkterrain, dem des Nationalismus, das stets ein
bisschen lächerlich ist. Lässt man sich aber einmal auf diese Sicht
ein, sind die Argumente der einen Seite soviel wert wie die der
anderen.

Wenn man jedoch von *deutscher Akademikerschicht, deutschen In-*
tellektuellen spricht, verallgemeinert man, wie mehrfach erwähnt, in
unzulässiger Weise. Auch in den schwierigsten Monaten, als es gefährlich war, sich von der nationalistischen Meute abzugrenzen, gab
es Stimmen, die vom Chor abwichen: Persönlichkeiten, die nicht
vom Strom mitgerissen werden wollten. *Honoris causa* sei wenigstens
an zwei von ihnen erinnert. Die eine ist auch über Spezialistenkrei-
se hinaus berühmt, Albert Einstein, der Professor in Berlin war und
dann zur Zeit des Nazismus Deutschland würde verlassen müssen,

weil er Jude war. Die andere, weniger bekannt, aber gleichwohl bedeutend, ist der Gräzist und Kenner der antiken Philosophie und Wissenschaft, Hermann Diels, eine Persönlichkeit ersten Ranges und Pazifist.

Später, in den folgenden Monaten und Jahren, wuchs diese isolierte winzige »Abspaltung«, andere kamen hinzu, das intellektuelle Lager spaltete sich. Aber es ist nur recht und billig, daran zu erinnern, dass vom ersten Moment an, und zwar an der wichtigsten Universität des Reichs, der von Berlin, zwei ganz große Namen, Sterne am Wissenschaftshimmel, sich der reißenden Flut des Nationalismus entzogen haben.

Ab 1915 wurden mehr als 370.000 Belgier in Zivilarbeiterbataillone eingezogen, eine Schöpfung der deutschen Kriegsmaschine, der in Deutschland während des Zweiten Weltkriegs geschaffenen und praktizierten Zwangsarbeit sehr ähnlich. Diese Bataillone von Zivilarbeitern waren in Baracken zusammengepfercht, die den Hitlerschen Lagern schon ziemlich glichen. Im Durchschnitt starben fünf oder sechs Deportierte pro Tag an Hunger.

Die Dokumentation all dessen wurde ausgiebig und zurecht von der Propagandamaschine der Entente benutzt, und schon im Lauf des Jahres 1914 wurde eine belgische Untersuchungskommission zu diesen Gräueln eingesetzt. Auf den 19. Bericht dieser Kommission bezieht sich ausführlich das kurz nach dem Krieg, 1921, veröffentlichte Buch zweier französischer Juristen, Mérignhac und Lémonon, mit dem Titel *Le Droit des Gens et la Guerre de 1914-18*, »Das Völkerrecht und der Krieg von 1914-18«. Wenn von einer belgischen Untersuchungskommission die Rede ist, so setze ich die nicht zu übergehende Tatsache voraus, dass der König von Belgien nach der Besetzung des gesamten belgischen Territoriums Aufnahme in London fand und England sich über die Person des Souveräns im Exil zum Garanten des staatlichen Fortbestandes Belgiens machte. England hält dies für den delikatesten und wichtigsten Punkt der ganzen Angelegenheit. Deswegen ist die belgische Exilregierung im

Stande, die Stimme des unterdrückten Landes lautstark am Leben zu halten und außerdem, trotz der sehr harten deutschen Kriegszensur, die Nachrichten über diese Geschehnisse, die Verbrechen gegen eine wehrlose Zivilbevölkerung, die ständig auf belgischem Boden verübt werden, der Welt zur Kenntnis zu bringen.

Im Aufruf der 93 haben wir einen ziemlich wichtigen Satz gelesen, der vielleicht unbemerkt geblieben ist und der so, wie er formuliert ist, eine willkürliche Behauptung zu sein scheint: »Es ist nicht wahr, dass wir freventlich die Neutralität Belgiens verletzt haben. Nachweislich waren Frankreich und England zu ihrer Verletzung entschlossen. Nachweislich war Belgien damit einverstanden.« Was soll das heißen? Unter militärischem Aspekt kann man das anführen, ohne lange zu zögern, denn man weiß: Wer den Erstschlag führt, hat einen enormen Vorteil. So hieß es denn auch zu Zeiten eines möglichen Atomkriegs: Er ist ein Verbrechen, doch es ist besser, man begeht es als Erster, denn der Zweite zieht den Kürzeren.

Im Fall der Verletzung der belgischen Neutralität unterstellen die Deutschen – und behaupten an anderer Stelle, Beweise dafür zu haben –, dass die anglo-französische Seite eine analoge Operation durchgeführt hätte, hätte man dies nicht seinerseits zuerst getan. Der Vorwurf lautet also, Belgien sei im Begriff gewesen, angesichts der territorialen Nähe den französischen Truppen und eventuell ebenso den sich mit ihnen vereinigenden englischen Truppen den Durchmarsch durch sein Gebiet anzubieten, um Deutschland von der Etappe her anzugreifen.

Unter militärischem Gesichtspunkt ist eine derartige Argumentation durchaus verständlich, unter rechtlichem dagegen schon etwas weniger. Zu versichern, dass ich ein Verbrechen nur deshalb begehe, weil ich voraussetze, dass sonst ein anderer es zu meinem Nachteil begehen könnte, trägt nicht. Am Ende bleibt, dass dieses Verbrechen von dem einen begangen wurde, von dem anderen aber eben nicht.

Doch damit ist das Problem nicht erschöpft. Von deutscher Seite wurde später ein recht ernst zu nehmender Versuch unternommen, Beweise dafür vorzulegen, dass diese Gefahr durchaus bestanden und es ihr vorzubeugen gegolten habe. Bevor wir an diesem Punkt innehalten, müssen wir vorher noch ein anderes Detail hinzufügen. Eine mögliche Erwiderung hätte so lauten können: »Ihr habt andere Neutralitäten verletzt, die nicht weniger zu respektieren waren als die Belgiens.« In einer seiner ersten Reden in der Kriegszeit mit dem Titel *Die geschichtlichen Ursachen des Krieges* behauptet Wilamowitz, es könne nachgewiesen werden, dass Frankreich und England dazu neigten, die belgische Neutralität zu verletzen. Und er fügt hinzu, England habe dies schon mit Persien gemacht, die persische Neutralität sei von englischen Truppen verletzt worden, die seelenruhig durch persisches Territorium marschierten.

Wie wird von deutscher Seite die Behauptung begründet, es habe in Bezug auf Belgien diese Gefahr einer analogen Aktion seitens der Gegner bestanden? Mit dem berühmten amtlichen *Weißbuch.* Dieses besteht aus einer Reihe von Ausführungen, die organisch miteinander verbunden sind. Es soll belegen, dass es geheime belgisch-englische Absprachen gegeben habe, denen zufolge Belgien England Zugang zu seinen Häfen gewähren würde, falls Deutschland einen Krieg begänne und den ersten Schlag führe.

Das deutsche Weißbuch hatte eine große Verbreitung. Die kriegführenden Mächte versuchten, die Weltöffentlichkeit durch die Abfassung von »Farbbüchern«, d. h. Dokumentensammlungen, zu beeinflussen. Das deutsche Weißbuch wurde von französischer Seite einer aufmerksamen Analyse unterzogen und beantwortet. Diese Replik trägt den Titel *Gelbbuch.* Die Autoren dieses Gegen-Memorandums sind um den Nachweis bestrebt, dass die Schlüsselwörter der Dokumente, die die Deutschen veröffentlicht haben und aus denen sich die Existenz geheimer englisch-belgischer Absprachen ergeben soll, gefälscht sind. Dieser These zufolge hätten die Deutschen Dokumente publiziert, die sie frisiert hatten, indem sie an die Stelle der ursprünglichen Sätze andere Formulierungen setzten.

Kriegsfälschungen

Das Gefälschte ist als historischer Gegenstand genauso wichtig wie das Echte. Dokumente, ob falsch oder echt, sind allesamt wichtig. Im speziellen Fall des deutschen Weißbuchs ist aber die eine oder andere weitere Präzisierung angebracht. Das Weißbuch verbreitet, wie gesagt, eine Art von Dokumentation, die den Nachweis zu führen beabsichtigt, es habe geheime Abmachungen zwischen Belgien und England gegeben, um den Briten ein schnelles Eingreifen auf belgischem Territorium zu ermöglichen.

Das ist natürlich gut möglich. Der Inhalt der Dokumente, die die Deutschen veröffentlichen, scheint echt zu sein, und es ist völlig nachvollziehbar, dass ein – auch als Besitzer eines großen Reichs wie des Kongo – immer noch kleiner Staat, der sich einem übermächtigen Nachbarn gegenübersieht, sich für alle Fälle mit Verträgen und Abmachungen absichert. Somit ist die deutsche Enthüllung als solche alles in allem gleichsam die Enthüllung einer Selbstverständlichkeit.

Was indes auffällt, ist die Akribie, mit der man von französischer Seite diese Dokumentation entkräften will. Die Form der Gegendarstellung gibt ein wenig zu denken. Dabei erwähnen wir nur ein Beispiel, um die Spitzfindigkeiten zu verdeutlichen, derer sich die Propaganda hier bedient. Ein wichtiger Punkt besteht darin, dass der Satz: »Der Einmarsch der Engländer in Belgien würde nur nach einer eventuellen Verletzung unserer Neutralität von deutscher Seite stattfinden« im Originaldokument an den Rand geschrieben war, nach französischer Ansicht aber integrierender Bestandteil des Dokuments selbst ist. Es scheint eine Nebensächlichkeit zu sein, ist aber von Gewicht. Hält man den Satz für eine Randnotiz, die der Text selbst nicht enthält, bleibt als Tatsache, dass es bei diesem selbst *auf jeden Fall* um eine Abmachung über militärische Zusammenarbeit zwischen Belgien und England geht. Ist der Satz dagegen integrierender Bestandteil des Texts, dann gibt er ihm einen anderen Sinn. Er besagt dann, dass England lediglich im Falle eines deutschen Angriffs auf belgischem Territorium intervenieren würde.

Die andere Spitzfindigkeit, auf der die französische Gegenpropaganda beharrt, betrifft den letzten Satz. Den Schluss dieses Dokuments bildet die Datierung. Im Weißbuch ist sie deutsch, und die fraglichen Worte lauten: »abgeschlossen September 1906«. Der Begriff »abgeschlossen« kann aber, halten die Franzosen in ihrem Gegenmemorandum fest, zweierlei heißen. Er kann bedeuten, dass *eine Vereinbarung abgeschlossen* worden sei. Er kann aber auch bedeuten, *die Verhandlungen sind beendet,* womit nicht schon gesagt wäre, sie hätten im September 1906 auch zu einer Vereinbarung geführt.

Und so beschuldigen die Franzosen ihre Gegner, mit dem deutschen Begriff »abgeschlossen« mehr in die Veröffentlichung hineingelegt zu haben, als das Original tatsächlich hergab. Das Original war französisch und sagte nur »Ende September 1906«. Die Deutschen hätten also etwas erfunden und eine Fälschung begangen, indem sie mit *abgeschlossen* ein Wort einfügten, das doppeldeutig war und sowohl besagen kann, dass die Gespräche stattgefunden und an besagtem Tag geendet, als auch, dass sie zu einer regelrechten *Vereinbarung* geführt hätten.

Das ist – auf philologischer Ebene – ein recht unterhaltsames Beispiel dafür, wie die Propaganda auch verbale Virtuositäten bemüht, um eine These zu stützen oder zu widerlegen. Was der Historiker zum berühmten Weißbuch und der Erwiderung darauf sagen kann, das ist, dass die Dokumente, auf die sich die Deutschen beziehen, tatsächlich existierten. Doch ob es provisorische nichtamtliche Dokumente waren, die mit einer vieldeutigen Formel endeten, oder ob sie im Gegenteil klar besagten, man habe eine Abmachung getroffen, ist nur von relativer Bedeutung. Die Dokumente jedenfalls gab es, und sicherlich gab es auf englischer Seite auch die Prognose, die Deutschen könnten über Belgien angreifen. Es waren, alles in allem, Pläne, die dazu bestimmt waren, umgesetzt zu werden.

Jedenfalls hilft uns dieses Beispiel, mit der Erörterung eines breiteren Themas zu beginnen, den Propagandafälschungen nämlich. Die Propaganda, von der sich alles mögliche Schlechte sagen lässt, die aber doch unverzichtbar ist, will man die öffentliche Meinung dirigieren und von der eigenen Seite das gewünschte Bild erzeugen, greift *notwendigerweise* auf Fälschungen zurück. Im Fall des Krieges von 1914 spielten solche Fälschungen auf französischer wie auf deutscher Seite eine beträchtliche Rolle. Es scheint sich um einen Krieg zwischen Philologen zu handeln, die sich auf mehr oder weniger manipulierte Dokumente stürzen. Es gibt eine ganze gefälschte Literatur, nicht existente Zeitungen usw. Die »Gazette des Ardennes« beispielsweise ist ein von den Deutschen erfundenes Blatt, das sich als französische Zeitung ausgibt. Es wird in den Gebieten vertrieben, die die Deutschen in Frankreich besetzt halten, und will den Eindruck erwecken, französische Elemente hätten sich der deutschen Sache verschrieben.

Auf französischer Seite erfindet man das Gegenstück und kreiert eine Zeitung, die denselben Fälscherzweck verfolgt: »Die Feldpost«, die noch in zahlreichen Ausgaben erhalten ist. Sie wurde von einem Genie der französischen Propaganda geschaffen, dessen richtigen Namen wir nicht kennen. Bekannt ist nur das Pseudonym, das Kürzel Hansi.

Diesem geheimnisvollen Hansi verdanken wir auch ein interessantes Buch. Es wurde nach dem Krieg 1922 bei einem großen Verlag, Payot in Paris, veröffentlicht und trug den Titel *À travers les lignes ennemies*, »Durch die feindlichen Linien«. Darin dokumentiert Hansi gleichsam triumphierend, wie er die Propaganda handhabe, Fälschungen in die Welt setzte und mit gezinkten Presseorganen hinter die feindlichen Linien – daher der Titel – vordrang. Das Buch trägt einen bezeichnenden Untertitel: *Trois années d'offensive contre le moral allemand*, »Drei Jahre Angriff auf die deutsche Moral«.

Die Operation, die dieser Mann auf die Beine gestellt hat und beschreibt, dreht sich um eine anonyme Schrift mit dem Titel *Ich klage an,* »J'accuse« – ein nur allzu bekannter französischer Titel. Die Schrift ist deutsch und soll die Anklage eines anonymen Deutschen gegen die Politik des Reichs sein. Hansi präsentiert sie als einen authentischen Text, den zu verbreiten er für richtig gehalten habe, weil er so aussage- und beweiskräftig für die deutsche Schuld war. Hinter den Linien verbreitet, musste diese Schrift die Moral der deutschen Truppen zersetzen, weil sie ihre Grundüberzeugung aushöhlte, Deutschland sei angegriffen worden.

Mit Erstaunen, so Hansi im Vorwort seines Buchs, habe er im Umgang mit deutschen Kriegsgefangenen festgestellt, dass sie alle – welcher politischen Zugehörigkeit auch immer: Sozialisten, Katholiken, Konservative jeglicher Schattierung – wirklich überzeugt waren, Deutschland sei das Opfer eines Angriffs geworden, weshalb sie folglich nun einen gerechten Krieg zur nationalen Verteidigung führten.

Hier setzt nun die angeblich von einem Deutschen verfasste Schrift an, die den Imperialismus, den Machtwillen, die Eroberungs- und Annexionswünsche des Reichs, seiner Leitung und führenden Kreise demaskiert. Hansi behauptet: »Eines Tages habe ich aus der Schweiz ein dickes Buch mit dem Titel *Ich klage an* bekommen, ein schwer verdauliches Buch, in dem die Gründe für die deutsche Schuld hundertmal wiederholt werden«. In Wirklichkeit ist allein schon merkwürdig, dass er aus der Schweiz ein in Deutsch abgefasstes, ganz gegen Deutschland gerichtetes Buch erhalten haben soll. Und noch verdächtiger ist, dass sich dieses Buch – das dann über Nacht in viele Sprachen übersetzt wurde, weil es der Propaganda diente – als an vielen Stellen zensiert ausgab, sich also von Anfang an als völlig »verstümmelt« präsentierte. Die Sätze sind unvollständig, mit Pünktchen gekennzeichnet oder mit gänzlich leeren Zeilen, als sei der Band durch eine strenge Kriegszensur gegangen, die eine Reihe von Passagen eliminiert habe. Diese Eigenschaft nun, die den Eindruck vermitteln soll, es handle sich um ein authentisches, zufällig durch die Linien gelangtes Objekt, verrät tatsächlich die Fälschung.

Es ist evident, dass keine Kriegszensur ein bereits in seinen Formulierungen über die eigene Regierung derart scharfes Buch überhaupt hätte durchgehen lassen. Und keine Zensur hätte sich in manche Sätze so verbissen und andere, so schreckliche, entlarvende und vielsagende stehen gelassen. Es ist also eine Täuschung, dass hier eine Zensur stattgefunden habe. Das Buch wurde in dieser Form »geboren«. Es ist eine etwas grobschlächtige Fälschung, deren Mangelhaftigkeit ihren Schöpfer – möglicherweise Hansi selbst – jedoch nicht gekümmert hat. Denn seine Operation bestand darin, aus diesem Buch von vielen, vielen Seiten eine Broschüre von geringem Umfang, in winziger Schrift und auf dünnem Papier zu machen, die mithilfe von mehr oder minder gezielten Infiltrationen und Sendungen hinter die gegnerischen Linien zu schaffen war. Und wahrscheinlich ist es in großem Umfang auch gelungen, dieses ungewöhnliche Büchlein jenseits der deutschen Linien ankommen zu lassen.

Um nur eine Ahnung davon zu geben, wie sich dieser Text präsentiert, genügt es, seine einleitenden Worte zu zitieren:

> »Wenn es in Deutschland ein Gesetz über die Verantwortlichkeit der Minister gäbe, wie es in allen Ländern mit wirklich parlamentarischem Regime existiert – und wie es dem preußischen Volk zusammen mit soviel anderen Dingen vor nunmehr 64 Jahren versprochen worden war –, müsste der Reichskanzler und preußische Ministerpräsident Bethmann Hollweg angeklagt und verurteilt werden«.

Nun sind zwischen »und« und »verurteilt« eineinhalb leere Zeilen, die auf die erfolgte Zensur verweisen sollen. Wie aber kann die Zensur eine für den Regierungschef derart vernichtende Behauptung durchgehen lassen? Offensichtlich handelt es sich um eine fingierte Zensur eines fingierterweise aus Deutschland kommenden Textes. Zudem ist schwer vorstellbar, was zwischen »angeklagt« und »verurteilt« überhaupt hätte stehen können. Das Beispiel ist unter praktischem, textlichem, aber auch politischem Gesichtspunkt interessant.

Im Verlauf dieser reichhaltigen Fälschung stoßen wir in der Tat auch auf Argumente, die aus Stellungnahmen eines heroischen sozialistischen deutschen Abgeordneten entnommen sind: Karl Liebknecht. Er war nach seinem anfänglichen Fehltritt in den ersten Augusttagen so sehr zum kompromisslosen Opponenten gegen den Krieg geworden, dass er zur Strafe einberufen, vom Abgeordneten also zum einfachen Soldaten degradiert und dann sogar einer längeren Haftstrafe unterworfen wurde.

Man registriert also schon in dieser Operation unter dem Namen Hansi ein interessantes Phänomen: Die Kriegspropaganda des einen Landes bedient sich der Stimmen der Opposition und des Widerspruchs, die sich mehr oder weniger mühselig im gegnerischen Land erheben. Liebknecht opponiert in seinem Land gegen den Krieg, aber die französische Kriegspropaganda benutzt ihn als wertvolles Instrument bei ihrer Offensive gegen die Moral des gegnerischen Heeres.

»Sozialpatrioten« und echte Sozialisten

Wie war nun die Haltung der Völker, nicht nur der Regierungen, gegenüber dem Krieg? Ein großes Problem, und es ist schwierig, es in wenigen Zeilen zu umreißen, zumal die öffentliche Meinung uns nur durch »Filter« wie Polizeiberichte über die Stimmungslage der Bevölkerung, offizielle Reaktionen der Parteien oder parlamentarische Debatten bekannt ist.

Wenn von diesem dramatischen Moment der europäischen Geschichte, dem Sommer 1914, die Rede ist, konzentriert sich das Augenmerk unweigerlich auf die Entscheidungen der Regierungen, der führenden Köpfe, der Herrscher, auf geheime und offene Verhandlungen, das Attentat und die Reaktionen darauf. Aber daneben gibt es noch eine alltäglichere Wirklichkeit, nämlich die – wie manipulierbar auch immer – Reaktion der einfachen Menschen und der politischen Kräfte, die für sie sprechen. Auf die politischen Kräfte sind wir bisher nur kurz eingegangen und haben sie nur hin und wieder erwähnt. Nun aber werden wir uns primär und aus gutem Grund mit dem Verhalten einer wichtigen politischen Formation, den sozialistischen Parteien Europas, auseinandersetzen.

Die europäischen Sozialisten waren durch den Krieg vor eine dramatische Wahl gestellt. Soll man den Krieg mitmachen und ihn unterstützen? Damit würde man eine Situation schaffen, die – gemessen an Ideologie und Praxis der in einer Internationale vereinten sozialistischen Bewegungen – paradox ist und als Konsequenz deutsche und französische, italienische und österreichische Arbeiter auf den Schlachtfeldern und in den Schützengräben aufeinander hetzt: also das gerade Gegenteil zum Internationalismus, das gerade Gegenteil zur Lehre des europäischen Sozialismus. Oder soll man den Krieg ablehnen und ihn boykottieren, gegen die Regierungen kämpfen, die ihn gewollt haben? Damit würde man sich außerhalb des hymnischen Chors der »heiligen Einheit« stellen und sich mit dem Vorsatz, konsequent zu bleiben und den Krieg vielleicht zu verhindern, in eine sicherlich schwierige Position begeben.

Das war das essenzielle Dilemma der Sozialisten. Auch andere politisch-soziale Kräfte, so das katholische Zentrum in Deutschland, hatten ähnliche Probleme. Die politisch-soziale Lehre der katholischen Kirche, deren maßgeblicher höchster Vertreter der neue Pontifex Benedikt XV. war, sprach gegen das gewollte Blutbad, gegen die Durchsetzung nationaler und imperialer Ansprüche mithilfe von Krieg. So ergab sich auch für das katholische Zentrum, das in Deutschland besonders stark und einflussreich im Parlament vertreten war, ein analoges Dilemma. Im Falle der sozialistischen Bewegung wurde das Problem jedoch in weltweitem Maßstab wahrgenommen, weil sie internationalistischen Charakter trug. So verursachte der Krieg in der Tat bei allen sozialistischen Parteien eine dramatische Debatte, von innerparteilicher Selbstzerfleischung bis

– so bei den meisten – hin zu substantieller Kapitulation vor der Staatsräson.

Wir können nur einen summarischen Überblick über diese politischen Bewegungen und ihre Debatten geben, wie sie sich in den Monaten vor und unmittelbar nach dem 4. August 1914 entwickelt haben. An dieses Datum erinnert man sich gleichsam sinnbildlich, weil an diesem Tag, nachdem alle Kriegserklärungen ausgetauscht und alle Ultimaten abgelaufen waren, der Reichstag mit all seinen parlamentarischen Gruppierungen vor der endgültigen Forderung steht, für die Kriegskredite zu stimmen und somit die kaiserliche Regierung zu ermächtigen, aus dem Staatshaushalt die Mittel für den Krieg und das Heer aufzuwenden. Alle Parteien, einschließlich der Sozialisten, votieren für die Kriegskredite.

Die Auseinandersetzung hat die Sozialisten vor und nach diesem fatalen Datum zerrissen. Vorher in der Frage, wie es zu verhindern sei, dass dieser Punkt überhaupt erreicht werde; danach durch die wechselseitigen Beschuldigungen und den Streit, der sich immer mehr verschärfte. Wie war die Situation in den verschiedenen europäischen Ländern? Wir gehen naturgemäß von Deutschland aus, weil es das bedeutsamste Land ist. Die enorme deutsche Sozialdemokratie hat die anderen sozialistischen Parteien den politischen Kampf gelehrt und ist im Parlament so stark vertreten, dass sie tatsächlich die im Gang befindliche Operation, die parlamentarische Absegnung der bereits gefällten Entscheidung für den Krieg, gefährden oder zumindest maßgeblich behindern könnte.

Ihre Abgeordneten stimmen jedoch geschlossen für die Kriegskredite, so auch Karl Liebknecht, der sich bei dieser ersten Abstimmung – und nur bei dieser einen im August – der Parteidisziplin beugt und gegen seine Überzeugung abstimmt. Erst später, angesichts der Verwandlung des Blitzkriegs in einen Stellungs- und Grabenkrieg, werden die Sicherheiten ins Wanken geraten und wird sich die Haltung einer Minderheit ändern. Nun wird sich eine Vorstellung allmählich Bahn brechen, deren Urheber vor allem Lieb-

knecht und Rosa Luxemburg sind. Die Vorstellung nämlich, dass
der Hauptfeind des deutschen Volkes im eigenen Land stehe und
durch die deutsche Regierung verkörpert werde. Diese Losung ist
ganz gewiss nicht einfach durchzusetzen. Sie sprengt die »heilige
Eintracht« des »Burgfriedens« und propagiert eine Parole, die offensichtlich an Hochverrat grenzt und somit der Strafverfolgung
unterliegt. Und genau dies geschieht dann auch. Man geht ein ho-
hes Risiko ein, wenn man darüber aufzuklären versucht, dass es die
Regierung selbst ist, die sich kriminell verhält, und dass sie es ist, die
gegen das Volk handelt, indem sie es in den Krieg führt.

»Der Hauptfeind steht im eigenen Land« – es war wahrlich nicht
leicht, eine solche Vorstellung durchzusetzen. Aus mehreren Gründen bleibt sie fast wie ein Bekenntnis einer winzigen Minderheit
vorbehalten. Dazu zählt die Tatsache, dass sich die Sozialdemokratie selbst seit Jahrzehnten auf den Boden der »Legalität« und der
bestehenden Ordnung gestellt hat. Folglich kann sie ihre Mitglieder
nur schwerlich dazu bewegen, nun eine so radikale Position einzunehmen. Auch wenn diese sicherlich klarsichtig und wohl begründet ist, richtet sie sich in hohem Maße gegen den Strom und ist sehr
unpopulär im Vergleich zum »Gemeinsinn«, zum »Gemeinschafts-
gefühl«, zur allgemeinen schlechten Gewohnheit eines Hangs zum
Gehorsam. Man denke an den berühmten Roman von Heinrich
Mann *Der Untertan*, dann begreift man, wie der Bürger durch die
Schule, das Militär und die in Deutschland besonders ausgeprägte
gesellschaftliche Disziplinierung naturgemäß zu Unterwerfung, zu
Konformismus und dazu gebracht wird, zu tun, was die Regierung
verlangt.

Es wurde konstatiert, dass der »Vorwärts«, das Organ der deutschen Sozialdemokratie, also einer in der Gesellschaft so stark ver-
ankerten Partei, dass Friedrich Engels bekanntlich gemeint hatte,
das ganze Heer werde nach und nach sozialistisch, niemals bis in
die Schützengräben gelangte und in den vom Militär kontrollierten
Strukturen tatsächlich nicht im Umlauf war. Das bedeutet zu all-

dem, dass eine eventuelle Antikriegspropaganda auf den konkreten sozialen Körper des Heeres ganz ohne Wirkung geblieben wäre, wie sehr sich dieser auch aus Menschen zusammensetzen mochte, die als Individuen sozialistisch wählten.

Alles in allem beginnen die Differenzierungen nicht vor Ablauf eines Jahres nach jenem dramatischen 4. August 1914.

Für die internationale sozialistische Bewegung war es jedenfalls ein tödlicher Schlag, dass sich die deutsche Partei, Meisterin des Sozialismus, wie beschrieben verhalten hat. Es war unvermeidlich, dass die von den deutschen Sozialisten getroffene Entscheidung auf die übrige Bewegung ausstrahlte, und zwar, daran muss stets erinnert werden, in schizophrener Weise. Die anderen Sozialisten imitieren nämlich das »patriotische« Verhalten der deutschen und ziehen in den Kampf gegen sie. Das Paradoxe ist, dass damit gerade dasjenige Subjekt nachgeahmt wird, gegen das man sich anschickt, in den Schützengraben zu steigen. Das ist die Tragödie, die der europäische Sozialismus durchgemacht hat.

Erinnert sei vor allem an Frankreich, weil es mehr oder weniger das andere große europäische Land mit sozialistischer Tradition ist, wie umkämpft und trostlos die Geschichte des französischen Sozialismus nach der Commune auch immer gewesen sein mag. Es gab in Frankreich zwei sich streitende sozialistische Parteien, die sich schließlich aufgrund der Initiative und des Drucks einer bedeutenden Persönlichkeit, Jean Jaurès, zusammenschlossen. Doch die vereinigte sozialistische Partei ist dennoch klein geblieben. War sie auch angesehen, so war sie doch nach Größe und parlamentarischem Gewicht ganz gewiss nicht mit der deutschen zu vergleichen.

In Frankreich ist das chauvinistische Element in der sozialistischen Partei stark, ungeachtet der Tatsache, dass Jaurès selbst gegen den Krieg ist. Er versucht, den Weg in den Abgrund zu blockieren. Auch noch Wochen nach dem Attentat von Sarajevo setzt er sich für ein internationales Treffen ein, das wenigstens die französischen und deutschen Sozialisten zu einer gemeinsamen Haltung bringen soll. Hugo Haase, ein angesehener Vertreter der deutschen Sozialdemokratie und einer ihrer beiden Vorsitzenden, kommt nach Paris, um mit Jaurès zu sprechen und eine gemeinsame Linie des Widerstands gegen den Weg in den Krieg zu finden. Drei Jahre später wird Haase zu den sozialistischen Abgeordneten gehören, die sich von der Mehrheit absetzen und eine sich gegen den Krieg wendende »Unabhängige Sozialdemokratische Partei« gründen. Sein Treffen mit Jaurès sollte zumindest ein gemeinsames Kommuniqué des Widerstands gegen das Hineinschlittern in den Krieg erbringen. Doch Jaurès wird von einem jungen französischen Nationalisten ermordet, der ihn mitten in Paris am 31. Juli 1914 niederschießt. Durch diesen Verlust ist die französische sozialistische Partei enthauptet und der einzigen herausragenden Persönlichkeit beraubt, die sich dem Krieg entgegenstellen würde. Nun gibt es kein Zögern und kein Halten mehr für einen verhängnisvollen Wettlauf beider Parteien, der französischen wie der deutschen, vor dem Karren ihrer jeweiligen Regierung.

Die Szene betritt Mussolini

Der Landkarte folgend, setzen wir die Betrachtung des europäischen Sozialismus fort. Sein Schicksal im Angesicht des Krieges soll Fall für Fall in den Blick genommen werden. Über Deutschland und Frankreich wurde gesprochen. Schauen wir nun auf Italien. Italien ist aus zwei Gründen in einer Situation *sui generis*, vor allem deshalb, weil es sich nicht im Krieg befindet. Wiewohl der Dreibund ein ziemlich enger Käfig ist mit Klauseln, die die italienische Regierung zwingen könnten, in den Krieg einzutreten, haben sich Dinge ereignet, die eine italienische Neutralitätserklärung legitimieren.

Einer der Gründe, die dies rechtfertigen und keinen Bruch des Vertrags begründen, besteht darin, dass Italien über Österreichs

Ultimatum an Serbien nicht vorher informiert worden ist. Vom
finalen Druck, der dem Krieg vorausging, verschont, hat es gute
Gründe, sich aus dem Konflikt herauszuhalten. Die tieferen Ursachen sind jedoch anderer Natur: Zwischen Italien und Österreich-
Ungarn herrscht ein Streit, den man schon aus dem Vertragstext
des Dreibundes herauslesen kann. Schon in seiner ersten Fassung
von 1882 enthielt er spezielle italienisch-österreichische Klauseln.
Sie betrafen gegenseitige Reibungspunkte, also die österreichische
Expansion in Richtung Balkan und das italienische Interesse an der
östlichen Adriaküste. Diese Themen wurden zwar nicht explizit angesprochen, man wusste aber, dass die beiden Mächte, eine größere,
Österreich-Ungarn, und eine kleinere, Italien, einen Konflikt hatten,
der wesentlich mit den Anschlussbestrebungen einiger italienischer
Gebiete unter österreichischer Kontrolle wie Triest und Trient zusammenhingen. Die Vollendung der nationalen Einheit Italiens war
stets eines der offenen Probleme zwischen den Alliierten. Deutschland hatte sich durch aktive Teilnahme an dem Krieg, den wir in
Italien den »dritten Unabhängigkeitskrieg« nennen, zum Garanten
einer zukünftigen Lösung gemacht und bildete deshalb ein Element
des Ausgleichs. Zwei der drei Vertragspartner, Italien und Österreich, waren aber sicherlich nicht im Reinen miteinander.

Sich für Neutralität zu entscheiden, hieß von italienischer Seite
auch: Wir bleiben vorläufig Beobachter, weil wir eventuell Ansprüche anmelden können – wenn Ihr denn unsere Hilfe erlangen wollt.
Das ist der wesentliche Grund für die Entscheidung zur Neutralität.

Natürlich gab es daneben auch die innenpolitische Lagerbildung. In Italien sind nicht nur die Sozialisten, die im Parlament als
kämpferische Minderheit vertreten sind, aber eben doch als Minderheit, sondern auch Giolitti als mächtigster Vertreter der führenden Kraft, der liberalen Partei, gegen den Krieg. Giolitti hält es für
Wahnsinn, sich in den Konflikt einzumischen. Und der geachtete
Ministerpräsident, Eroberer Libyens 1912, der einer ganzen Epoche
der italienischen Geschichte den Namen gegeben hat, hatte großen

Einfluss auch beim König, dem jungen Vittorio Emanuele III., der nach der Ermordung seines Vaters Umberto I. 1900 auf den Thron gelangt war. Der junge König konnte es sich nicht leisten, die Meinung Giovanni Giolittis, im Vergleich zu ihm ein Gigant und eine Persönlichkeit von Weltrang, nicht zur Kenntnis zu nehmen. In Italien ist Giolittis Wort absolut maßgebend. Die Kräfte aber, die den Kriegseintritt wollen und den Krieg als »Welthygiene« verherrlichen, verschaffen sich lautstark Gehör. Doch noch haben sie nicht das Gewicht, den König zu einem solchen Entschluss zu nötigen.

Während der Neutralität haben wir es also mit einer Situation zu tun, in der die italienischen Sozialisten es leicht haben, ihren Internationalismus zu verkünden. Ihre Auffassung ist, dass der Krieg ein Verbrechen darstelle und das Proletariat nicht dazu bewegt werden dürfe, gegen die Proletarier anderer Länder zu kämpfen. Durch die spezifische Situation Italiens ist man also im Vorteil und kann eine Haltung beziehen, die in Einklang steht mit der der sozialistischen Minderheiten in Deutschland und Frankreich, die den Krieg ablehnen, aber nicht ins Gewicht fallen.

So finden sich die italienischen Sozialisten auf derselben Wellenlänge wie ein anderer Protagonist der europäischen sozialistischen Bewegung, die russischen Bolschewiki unter der Führung von Lenin und Sinowjew nämlich. Sie sind nur eine kleine Gruppe, stellen aber innerhalb der verbotenen Sozialdemokratischen Arbeiterpartei Russlands die Mehrheit – Bolschewiki heißt nichts anderes als »Mehrheitler«. Der Zar bzw. seine Regierung haben die sozialistische Bewegung als zumindest moralisch Verantwortliche für die Revolution von 1905 und als umstürzlerisches Potenzial aufs schärfste verfolgt. Die Bolschewiki sind somit illegal, ihre Führer ins Ausland gezwungen und nehmen eine radikal internationalistische Haltung ein. Die schüchternen sympathischen italienischen Sozialisten wie Turati und andere sind sich also mit Lenin und den Bolschewiki in der Gegnerschaft zum Krieg einig, wie unterschiedlich ihre Positionen sonst auch sein mögen.

Besonders ein herausragender italienischer Sozialistenführer, Benito Mussolini, drängt entschieden auf Neutralität und auf absolute Ablehnung des Abenteuers, sich auf einen Krieg einzulassen. Mussolini war einige Monate zuvor, Anfang Juni 1914, auch Protagonist der »Roten Woche« gewesen, als die gewerkschaftlichen Aktionen in eine vorrevolutionäre Situation umgeschlagen waren. Er ist also einflussreicher Parteiführer und außerdem Direktor des Parteiorgans »Avanti«. Ein vor einigen Jahren verstorbener Historiker, Renzo De Felice, hat ihm ein wichtiges Werk in mehreren Bänden gewidmet. Im ersten Band spricht er vom *Revolutionär Mussolini*, dem Mussolini der Roten Woche, der mit seinem Radikalismus selbst Pietro Nenni erschreckt. Kurz vor Ausbruch des Konflikts, bevor klar ist, ob es in den Krieg geht, veröffentlicht Mussolini im »Avanti« einen äußerst scharfen Artikel mit dem Titel »Abasso la guerra« – »Nieder mit dem Krieg«. Ihm entnehmen wir einige äußerst beredte Zitate:

> »Entweder akzeptiert die Regierung diese Notwendigkeit (sich aus dem Krieg herauszuhalten, die absolute Neutralität, wie es damals hieß; d. Verf.), oder das Proletariat wird sie mit allen Mitteln zu erzwingen wissen. Die Stunde der großen Verantwortungen ist gekommen. Wird es das italienische Proletariat also zulassen, dass es noch einmal zur Schlachtbank geführt wird? Wir glauben das nicht, aber es ist notwendig aufzustehen, zu handeln, keine Zeit zu verlieren, unsere Kräfte zu mobilisieren. Aus den politischen Zirkeln, den wirtschaftlichen Organisationen, den Kommunen, den Provinzen, in denen unsere Partei ihre Vertreter hat, aus der tiefen Masse des Proletariats muss sich ein einziger Schrei erheben und auf den Plätzen und Straßen Italiens widerhallen: Nieder mit dem Krieg! Der Tag für das italienische Proletariat ist gekommen, der alten Losung treu zu sein: Nicht einen Mann, nicht einen Groschen für den Krieg, um welchen Preis auch immer.«

So die Position des Direktors des »Avanti« und geachteten Vertreters der Partei, Benito Mussolini. Sie gibt treffend, falls wir so wollen, in extremer und äußerst harter Form, das diffuse, sagen wir Gefühl und Empfinden wie das Denken der ganzen Partei wieder.

Was nicht nur die Zeitgenossen, sondern auch noch die Historiker, die sich am Bild dieser Figur versuchen, konsterniert, ist ihr plötzlicher Wechsel ins interventionistische Lager nur wenige Monate später; ein Wechsel, der zugleich ihren Bruch mit der italienischen sozialistischen Partei markiert. Mussolini gründet nun den »Popolo d'Italia« als eigenes Presseorgan und startet eine Kampagne für den Kriegseintritt in Einklang mit Gabriele D'Annunzio, der nationalistischen Partei und den kriegstreiberischen Militär- und Wirtschaftskreisen des Landes.

Dieser Frontenwechsel ist auch Geburtsakt so vieler Dinge, die da noch kommen sollen. Das gilt zum Beispiel schon für die Art und Weise, wie im Mai 1915 der Kriegseintritt erfolgte, nämlich durch die Mobilisierung der Straße und gegen den Willen des Parlaments. Dies war gleichsam ein Staatsstreich des Königs, sein erster, noch vor dem Marsch auf Rom im Oktober 1922. Der Mai 1915, die berühmten »strahlenden Maitage«, sind ein *De-Facto-Staatsstreich*, der Italien in jenes Abenteuer stürzt, das dann der Ursprung des Faschismus sein wird. Dessen Wiege ist der Krieg.

Wie ist dieser unvorhergesehene Frontwechsel zustandegekommen? Darüber ist viel diskutiert worden, Dokumentationen aller Art wurden erstellt, die biografische Darstellung Mussolinis kreist hauptsächlich um dieses Schicksalsjahr 1914/15. Ein vielleicht nicht ganz unbedeutendes Detail soll aber dennoch in unser Dossier aufgenommen werden (die Historiker haben stets offene Dossiers, deren Hauptteil die Dokumente ausmachen müssen). Wir reden von einem Vorgang, von dem wir durch eine Person wissen, die Mussolini sehr nahe gestanden hatte, eine anarchistische Agitatorin namens Maria Rygier. Sie hat 1928 in Brüssel eine sehr polemische Schrift mit dem Titel *Mussolini, Informant der französischen Polizei* veröffentlicht, die in Italien nach dem Faschismus wieder aufgelegt wurde.

Im wesentlichen dokumentiert Rygier, dass die französischen Geheimdienste Mussolini, der aus politischen Gründen aus Italien exiliert war, während eines seiner Aufenthalte in Frankreich an-

gesprochen, gekauft und bezahlt hatten. Da Frankreich ein vitales
Interesse daran hatte, dass sich Italien vom Dreibund löste, ist die
plötzliche Konversion des Ultra-Internationalisten und Sozialisten
Mussolini zur Sache des Krieges möglicherweise dem Umstand ge-
schuldet, dass seine französischen Kontaktleute in jenem Moment
in ihm den Mann sahen, der die italienische öffentliche Meinung für
den Krieg gewinnen konnte. Mussolini, ein einzigartiger Agitator,
verstand es meisterhaft, die Öffentlichkeit dahin zu steuern, wo er
sie haben wollte.

Wir haben den britischen Teil noch im Dunkeln gelassen. Die
englische *Labour Party* befindet sich im selben Dilemma wie die sozialistischen Bewegungen des Kontinents, mit einem Unterschied.
Sie ist keine Partei marxistischen Ursprungs, sondern hat ihre eigene
Tradition. Darüber hinaus hat sie im Kontext der englischen Politik
dieser Monate nicht mehr mit dem immergleichen gegnerischen Lager zu tun, den Konservativen, sondern mit einer Koalitionsregierung
unter liberaler Führung, der ein ehemaliger Exponent Labours an-
gehört. Er ist kein Überläufer und kein Renegat. Vielmehr hat er sich
von seiner Partei entfernt und eine unabhängige Position bezogen,
die in hohem Maß seiner politischen Persönlichkeit, seiner Weltan-
schauung gerecht wird, und ist in die Regierung eingetreten. In dem
Moment, wo England sich nach viel Unsicherheit entschlossen hat, in
den Krieg einzutreten, sieht sich die Labour Party einer Regierung
gegenüber, mit der sie denkbar eng »befreundet« ist. Allein schon
dies bringt die Partei in eine einzigartige Lage.

Dazu kommt noch ein spezieller Faktor des englischen Schach-
bretts. England führt nämlich einen heimlichen inneren Kolonial-
krieg in Irland. Erst nach dem Weltkrieg wird das Problem in of-
fener, dramatischer Form aufbrechen und in einen auf irischem
Boden geführten Krieg münden. Doch bereits jetzt stellt das un-
ruhige Irland einen Stachel im Fleisch und eine Bewährungspro-
be für die gesamte englische Politik dar, für alle politischen Kräfte,
Labour eingeschlossen. Die Sozialisten flankieren also, außer einer

verschwindenden Minderheit, aus diversen außen- wie innenpolitischen Gründen die Regierung Ihrer Majestät, und dies nicht nur in der Frage des Kriegseintritts. Die Entscheidung fiel also für die Kriegsbeteiligung, ohne dass es darüber bei Labour eine Debatte gegeben hätte, die derjenigen in den Parteien auf dem Kontinent vergleichbar gewesen wäre.

Trotz all dem fand die radikale Kritik der sozialistischen Linken jedoch plötzlich eine unerwartete, aber überwältigende Bestätigung durch den lange Zeit verheimlichten und in jüngster Zeit endlich ausgegrabenen massenhaften Ungehorsam englischer, französischer und deutscher Soldaten am ersten Kriegsweihnachten, Weihnachten 1914. Die Soldaten brachen die Militärdisziplin und fraternisierten miteinander, indem sie sich im »Niemandsland« trafen. Ihre Aktion wurde von den jeweiligen Kommandos schärfstens unterdrückt, um jede Wiederholung schon im Keim zu ersticken. Michael Jürgs berichtet darüber in einem Buch mit dem bezeichnenden Titel *Der kleine Frieden im Großen Krieg*, das 2003 in München erschienen ist.

Die Szene betritt Lenin

Dass der deutsche Fall zentral ist, darf von uns nicht übersehen werden, so wenig, wie es den Zeitgenossen entgangen ist. Sie konnten nicht unberührt bleiben von der konsternierenden Entscheidung, die einem Mord an der sozialistischen Internationale gleichkam: sich zu spalten, indem man sich vor den Karren der jeweiligen nationalen Regierungen spannen ließ. Schon die Zeitgenossen nahmen die neue Qualität und das Gewicht dieser Entscheidung wahr und wiesen, sicher nicht zu Unrecht, den deutschen Sozialisten die Hauptverantwortung zu, allein schon deshalb, weil sie parlamentarisch am stärksten und am besten vertreten waren.

Ein kleines, in Frankreich publiziertes und in ganz Europa ver-
breitetes Buch eines bemerkenswerten Juristen von allgemein de-
mokratischer Einstellung, mit einer gewissen Sympathie vielleicht
für den Anarchismus, Edmond Laskine, russischer Herkunft, aber
nach Frankreich verschlagen, trug den abfälligen Titel *Les socialistes
du Kaiser*, Des Kaisers Sozialisten. Andere nannten sie Sozialpa-
trioten, Lenin hat diesen gleichfalls abfälligen Begriff oft benutzt.
Auf dem Umschlag der bei Sonzogno erschienenen italienischen
Fassung von Laskines Buch ist eine brillante Karikatur abgebildet:
Wilhelm II. in der Mitte, in der Hand den Feldherrnstab, um ihn
herum all die Scheidemann, Ebert etc., die Führer der deutschen
Sozialdemokratie also, die ihn mit äußerst respektvoller und ehr-
erbietiger Miene umkrönen.

Es lohnt sich, den Gehalt dieser sehr harten Anklage zusammen-
zufassen, weil er Probleme grundsätzlicher Art berührt. Aber vor
einem Blick auf diesen glänzenden Text kommen wir um eine andere Betrachtung nicht herum. Es gibt wenige Gelegenheiten in der
Geschichte, bei denen eine Partei wählen und zu wählen verstehen
muss. Parteien sind keine unvergänglichen Formationen, sie entstehen, leben, verändern sich, vergehen, das ist selbstverständlich und
hat sich durch die ganze europäische politisch-parlamentarische Geschichte mehr als zwei Jahrhunderte lang so abgespielt.

Die europäischen Sozialisten hatten im Juli/August 1914 ihren
großen Moment. In diesem Moment hätten sie die richtige und entscheidende Wahl treffen können und trafen doch die falsche. Das
Tragische dabei besteht darin, dass für diesen Fehler alle bezahlt
haben, nicht nur die Parteimitglieder, sondern alle Bürger der verschiedenen am Krieg beteiligten Nationen, denn die getroffene
Wahl erleichterte den Ausbruch wie auch die Verschärfung des
Konflikts enorm.

Europas Sozialisten hatten sozusagen zwei Wege wie Herakles in
der berühmten Fabel des Xenophon. Einer war die Anpassung, der
andere der Boykott. Boykottieren hieß Widerstand leisten, mit sehr

hohem persönlichem Risiko, bis hin zum Einsatz des Lebens: eine mörderische Wahl.

Es ist nie ausreichend darüber nachgedacht worden, was der Krieg im Innern eines jeden einzelnen Landes verursachte. Bisweilen hat vielleicht besonders die Filmkunst die Fähigkeit, verständlich zu machen, worum es geht. Und über diesen furchtbaren Krieg gibt es den Film eines Genies der weltweiten Kinematographie, Stanley Kubrick, mit dem Titel *Wege zum Ruhm.* Er bezieht sich auf eine Episode grausamer »Dezimierung«[3] an der französischen Front. Diese Dezimierung wurde bei Truppen durchgeführt, die im Grabenkampf Mann gegen Mann mit dem Bajonett in der Hand nicht angriffslustig genug gewesen waren. Kubricks Film gleicht in seiner Schönheit und Einfachheit einer griechischen Tragödie und gibt besser als jede Rede oder jedes historische Gedenken wieder, zu welchem Ergebnis die unverantwortliche Entscheidung führte, die die Sozialisten damals getroffen haben, *allen voran* die deutschen.

Aber warum diese Entscheidung? Hier hilft uns die bittere Polemik von Edmond Laskine. Sie ist überreich an Zitaten und bringt unter anderem eine ausführliche Erklärung von Albert Südekum, eines einflussreichen sozialdemokratischen Reichstagsabgeordneten, die der »Avanti« veröffentlichte; eine Handlung der kriegsfeindlichen Italiener, über die die deutschen Sozialisten sehr verstimmt waren. In dieser Erklärung versucht Südekum auf jede erdenkliche Art und Weise, das Argument von der Fremdschuld und die These vom Verteidigungskrieg zu entwickeln, darin der Erklärung der 93 Professoren der Berliner Universität, die allerdings alle ultrakonservativ waren, außerordentlich ähnlich. Diese Übereinstimmung zwischen Südekum und den Berliner Professoren ist überaus symptomatisch.

---

3   Als *Dezimierung* wird die Tötung einzelner, durch das Los bestimmter Soldaten wegen kollektiven »Fehlverhaltens« bezeichnet. Dieses Verfahren stammt aus dem antiken Rom, wo die Strafe jeden Zehnten traf, daher der Begriff.

Aber über solche Zitate hinaus, die instruktiv und bisweilen auch emotionalisierend sind, findet sich in Laskines Schrift auch ein reflektierender Kern. Laskine fragt: Warum haben die deutschen Sozialisten, ohne offen mit ihrer Vorgeschichte zu brechen, sich für ein solches Verhalten entschieden? Tatsächlich sieht er den Dingen auf den Grund: Es war eine imperialistische Wahl, die sie trafen, denn sie versprachen sich von einem eventuellen Sieg einen großen ökonomischen Vorteil, eine weitere Verbesserung der Lebensbedingungen der Bevölkerung im gesamten Deutschen Reich. Für eine größere Prosperität also, mit eng egoistisch-nationalem Blick auf das Stückchen Welt, dem sie angehörten, ergriffen sie Partei für einen Krieg, der den Wohlstand des deutschen Volkes auf Kosten der Unterlegenen gemehrt hätte. »Sozialchauvinismus« nannte man dies, und genau das war es auch: Der kurzsichtige Blick allein auf eine Bereicherung – mehr Kolonien, mehr Ausbeutung von Bodenschätzen, Handelsvorteile –, die ein militärischer Sieg dem deutschen Proletariat angeblich bringen würde. Es bekäme im Durchschnitt bessere Lebensbedingungen, und das würde zum Gedeihen und zum künftigen Wahlerfolg der deutschen sozialdemokratischen Partei beitragen.

Hier wird deutlich, wie die Geschichte eines fortschreitenden Sicheinfügens in die bestehende Ordnung, des Dazugehörens zu den Stützpfeilern der kapitalistischen Gesellschaft, vor die Alternative zum Krieg gestellt, unvermeidlich zum Hang für die schlechtere Option führt, die Option nämlich, die deutsche Wirtschaft zu stärken, um so zu breiter gestreutem Wohlstand und folglich zu besseren Erfolgschancen für die Partei zu gelangen.

Trotz all dieser ungünstigen Voraussetzungen gab es aber zwei Versuche, die Marschrichtung umzukehren. Der erste war die *internationale sozialistische Konferenz von Zimmerwald* in der Schweiz, angeregt von Italienern und Russen, neben den Schweizern, deren Land jedoch strukturell neutral war, weshalb sie nicht das Problem hatten, sich für oder gegen den Krieg entscheiden zu müssen. Vom

5. bis 8. September 1915 kam diese Konferenz zusammen. Sie wurde ein Fehlschlag. Für die russische Partei traten sowohl Lenin als auch Sinowjew auf, für die von ihr getrennte menschewistische Minderheit Martow und Axelrod, für die deutsche Partei nur Vertreter der Minderheit. Der wichtigste Protagonist, der sich einem Impuls zur Kriegsbeendigung wahrscheinlich nicht einfach hätte entziehen können, die offizielle deutsche Sozialdemokratie also, war nahm nicht teil. Die Repräsentanten der deutschen Opposition vertraten vielleicht Auffassungen, wie sie die Gegenseite erhofft hatte, hatten aber hinterher nicht das Gewicht, um in der eigenen Partei eine solche Linie durchzusetzen.

Das war also die verpasste Chance Mitte 1915, als ein Kompromissfriede noch möglich schien oder zumindest von verschiedenen Seiten erhofft wurde. Das Scheitern der Konferenz von Zimmerwald bedeutete auch das Ende aller noch bestehenden Hoffnungen auf Frieden.

Dass eine solche Konferenz einige Monate später in einem anderen Ort der Schweiz, Kienthal, noch einmal versucht wurde, zeigte nur, dass ein immer weniger entscheidender Teil der sozialistischen Bewegung sich weiterhin nicht mit diesem unaufhaltsamen Abgleiten abfinden wollte. Aber auch die *Konferenz von Kienthal* war ein Misserfolg. Danach gab es bis Kriegsende keine Gelegenheiten mehr für ein solches Treffen der – wie auch immer sich voneinander unterscheidenden – Antikriegskräfte.

Auf den Konferenzen von Zimmerwald und Kienthal waren die Russen, genauer: die Bolschewiki, im wesentlichen der Agitation halber vertreten. Über die Möglichkeit, die Konferenzen könnten ein operatives Resultat haben, hatten sie keine Illusionen. Und trotzdem waren sie besonders wichtige Beobachter, weil sie beide Male mit Lenin und Sinowjew eine höchstrangig besetzte Delegation entsandt hatten.

Die Position der Russen, vor allem Lenins, verdient in diesem Kontext eine Erläuterung. Sie hatten sich nie als Pazifisten aus

Prinzip gezeigt. Im Gegenteil, Lenin war bei der Demaskierung abstrakter, moralisierender Verhaltensweisen immer sehr deutlich gewesen. Er hatte vom ersten Moment an eine Intuition, die sich besonders unter praktischem Gesichtspunkt als glücklich erwies. Die russische Partei befand sich nicht in der Lage, irgend einen legalen Kampf im eigenen Land zu gewinnen. Sie hatte keinerlei Interesse daran, den vom Zaren gewollten Krieg zu unterstützen, weil sie im Tausch dagegen keinerlei Gegenleistung, keine Prämie, keine Verbesserung der Situation erhalten hätte. Lenin war deshalb zu Recht überzeugt, dass der Krieg für die konkrete soziale Situation des Russischen Reichs ein außergewöhnlicher Sprengsatz sein und eine revolutionäre Krise auslösen könne. So bestand das Vorgehen der russischen Sozialisten in ihrer bolschewistischen Mehrheitsfraktion darin, den Sturz des Zaren bei gleichzeitiger Beendigung des Kriegs zu propagieren. Sie haben von Anfang an eine revolutionäre Propaganda entfaltet und waren, was die beiden Optionen angeht, die sich der europäischen sozialistischen Bewegung boten, die einzigen, die sofort die zweite in diesem Sinn ins Werk setzten. Nur kurze Zeit später erwies sich diese als erfolgreich.

»Die grauenhafte Schlächterei«

Ein Akteur von beträchtlichem internationalem Gewicht, den wir bisher nur gelegentlich gestreift haben, war die katholische Kirche. Im Unterschied zu anderen christlichen Kirchen wies sie als einzige ein Gewicht und eine Aktionsweise übernationalen Charakters auf.

Am Anfang des 20. Jahrhunderts machte die katholische Kirche eine Krise nicht nur religiöser und theologischer, sondern auch explizit politischer Art durch, die Krise des *Modernismus*. Er hatte vor allem in Frankreich, aber auch in Italien sein bekanntes Epizentrum und rief eine äußerst scharfe Reaktion der Spitze des Vatikans hervor, bis hin zur Exkommunikation seiner wichtigsten Exponenten. Es handelte sich also um einen Riss, der sich insbesondere gegenüber der französischen Kirche und einzelnen italienischen Vertretern aufgetan hatte.

Dies blieb nicht ohne negativen Widerhall auf der Ebene der Beziehungen zu Frankreich, auch wenn die Republik sich selbstverständlich aus dem Disput im engeren Sinn herausgehalten hat. Doch ist es kein Zufall, dass genau in diesen Jahren in Frankreich die Zeit für die Trennung von Kirche und Staat herangereift war. Sie erfolgte auf Initiative von Regierungen mit einer Mehrheit der linksbürgerlichen Radikalen Partei. Sie sahen es als notwendig an, das Konkordat, das Napoleon ein Jahrhundert zuvor eingegangen war und das immer noch in Kraft war, aufzukündigen. Es hatte durch all die unterschiedlichen Phasen der französischen Politik weiter bestanden.

Mit der Auflösung des napoleonischen Konkordats nahm sich der französische Staat seine Freiheit und geriet die Kirche nun dementsprechend in einen Status der »Trennung«. Dies hatte eine echte politische Eiszeit zwischen dem republikanischen Frankreich, besonders seiner radikalen Richtung, und dem Vatikan verursacht. Dieser hatte im Streit mit den Modernisten und in seinem Widerstand gegen die Trennung seine konservative Geisteshaltung demonstriert. Deshalb schaute der Vatikan immer mehr auf die konservativen europäischen Mächte. Von daher rührte eine privilegierte Beziehung zur österreichisch-ungarischen Monarchie. Verstärkt wurde dies noch durch die Tatsache, dass sich der Papst nach der Erstürmung der Porta Pia[4] und der Eroberung Roms durch

---

4 Die *Porta Pia*, das Heilige Tor, markierte den Zugang zur Stadt Rom, an dem im September 1870 die königlich-italienischen Truppen in die vom Papst beherrschte Stadt eindrangen. Damit konnten gegen den Widerstand des Vatikans die Reste des Kirchenstaats dem Königreich Italien eingegliedert und die weltliche Herrschaft des Papstes endgültig beseitigt werden. Rom wurde nun zur Hauptstadt Italiens.

italienische Truppen als Gefangener in den vatikanischen Palästen sah. Dies war ein zusätzlicher Impuls zur Österreichliebe, war dieses Land doch nun einmal hinsichtlich territorialer Ansprüche trotz des Dreibunds Gegenspieler der italienischen Politik. Umgekehrt betrachtet Italien die Trennung von Staat und Kirche, die in Frankreich vollzogen war, als Modell. 1929 wird zwar von Mussolini ein Konkordat geschlossen werden, aber bis dahin gab es auch in Italien die Trennung.

All dies trägt dazu bei, die Haltung des Vatikans zu erklären. Konfrontiert mit einem Krieg, der ihn zu Entscheidungen zwingt, fürchtet er die Möglichkeit, »eingequetscht« zu werden zwischen den sich bekriegenden Staaten oder gar genötigt zu sein, Position für die einen gegen die anderen zu beziehen, was ihn in fatale Reibereien verstricken würde, speziell mit seinem materiellen Kontext, dem Königreich Italien.

Darüber hinaus besteigt am 3. September 1914, fast zeitgleich mit dem Ausbruch des Kriegs, mit Benedikt XV. ein neuer Pontifex den päpstlichen Thron. Er wählt bezüglich des Kriegs vom ersten Moment an ein umsichtiges, nicht parteiliches Verhalten. So fand zum Beispiel seine Krönung zum Papst nicht mit dem gewohnten Prunk in der Basilika von Sankt Peter statt, sondern sehr viel bescheidener in der sixtinischen Kapelle, um diesem Ritual angesichts des Leids, das der Krieg für so viele Menschen mit sich brachte, einen schlichten Anstrich von Ernst und Zurückhaltung zu geben. Diese Geste wurde weithin gewürdigt.

Eine andere wirkungsvolle Geste, die auf einen Ausgleich und eine Öffnung gegenüber Frankreich abstellte, bestand darin, dass der neue Papst seine Wahl dem Präsidenten der Französischen Republik handschriftlich selbst mitteilen wollte. Er schickte diesem als dem Oberhaupt eines Landes, das sich derzeit mit Deutschland und Österreich im Krieg befand, eine persönliche Botschaft. Das sollte ein Signal der Unparteilichkeit sein. Der Papst, die katholische Autorität par excellence, ist also fähig, auf die Republik zuzugehen, die sich wenige Jahre zuvor zum Promotor der Trennung gemacht hatte.

Benedikt XV. ist sich klar darüber, dass die Kirche es vermeiden muss, sich mit der Sache der einen gegen die anderen zu identifizieren. Dazu war die Kirche nicht immer im Stande. Es hatte Momente in der Geschichte gegeben, wo sie sich auf eine der kämpfenden Seiten geschlagen hat. Im Fall des Ersten Weltkriegs hat sie die Wahl getroffen, gegen den Krieg einzutreten, natürlich im Rahmen dessen, was ein Papst konkret tun kann, um seiner diesbezüglichen Option Gewicht zu verleihen.

In Italien sah man das nicht gern. Während die bellizistische Flut bis zum Kriegseintritt im Mai 1915 anschwoll, wurde ein Engagement solcher Art gleichsam als Unterstützung der österreichisch-ungarischen Macht angesehen. Es ist typisch für – nicht nur italienische – Nationalisten, dass sie jedwede pazifistische oder generell kriegsfeindliche Propaganda als Unterstützung des Feindes denunzieren: »Objektiv stehst du auf der anderen Seite!« – niemals ein gutes Argument.

Im August 1917 schickte sich Benedikt XV. an, einen offiziellen Schritt zu unternehmen. Ich unterstreiche dieses Datum, denn es handelt sich um einen Moment großer Ungewissheit. In Russland hatte sich etwas ereignet, das zwar von manchem vorhergesehen, aber deshalb nicht weniger dramatisch war: der Sturz des Zaren. Im Februar 1917 war die Russische Republik geboren worden, was tief greifende Auswirkungen auf den Fortgang des Krieges zeitigen sollte. Im August 1917 lanciert Benedikt XV. angesichts der möglichen Verschärfung der militärischen Situation, die sich nach der Februarrevolution vorhersehen ließ, einen Appell gegen die »grauenhafte Schlächterei« des Kriegs.

Es macht betroffen, dass die italienische Regierung ihren Unmut über diese Formulierung, wenn auch nur offiziös und indirekt, so doch klar und deutlich ausgedrückt hat. Man muss daran erinnern, dass der Papst diese Formulierung nicht leichtfertig gewählt hat.

»Grauenhafte Schlächterei« wollte den Kriegführenden sagen: Ihr verfolgt politische oder politisch-militärische Ziele mit einem eitlen Mittel, der Krieg wird nicht die Resultate zeitigen, die Ihr Euch davon versprecht. Der bekannte Appell blieb ein Bezugspunkt auch für jene nicht notwendigerweise nur katholischen Kräfte, die sich weiterhin gegen den Krieg wandten.

Aber Benedikt XV. ging noch weiter. Wenig bekannt ist sein konkreter Sechs-Punkte-Plan, wie aus dem Krieg herauszukommen sei. Er wurde gewissermaßen in den Schatten gestellt von den vierzehn Punkten des US-amerikanischen Präsidenten Wilson, der damit seine Perspektive zur Beendigung des Krieges, der Friedenssicherung und Neuordnung der Welt verkündet hatte.

Wilsons vierzehn Punkte wurden berühmt und teilweise zur Grundlage der internationalen Abmachungen nach dem Krieg. Die sechs Punkte Benedikt XV. klangen weniger groß, wiesen aber einen konkreten Weg aus dem Krieg. Die Entente wollte sie nicht akzeptieren, Deutschland ebenso wenig. Sie besagten: 1. Reduzierung der Rüstung aller Seiten und Einrichtung einer obligatorischen Schiedsgerichtsbarkeit; 2. Freiheit und Gemeinschaftlichkeit der Meere und freie Schifffahrt; 3. wechselseitiger Erlass von Kontributionen und Reparationen, mit Ausnahme von solchen aus Gründen der Gerechtigkeit und Billigkeit wie zum Beispiel zu Gunsten Belgiens; 4. wechselseitige Rückgabe der besetzten Gebiete und Garantie für Belgiens politische, militärische und ökonomische Unabhängigkeit; 5. dem Willen der Völker entsprechende Regelung der zwischen Deutschland und Frankreich, Italien und Österreich offenen territorialen Fragen; 6. analoge Regelung für Armenien, die Balkanstaaten und die Gebiete des ehemaligen Königreichs Polen.

Es handelte sich also um eine ganze Bandbreite an konkreten Vorschlägen oder zumindest an konkreten Perspektiven, auf Basis derer man hätte versuchen können, zum Frieden zu gelangen. Doch wurde dies von Seiten der Entente-Mächte als ein Akt des Flankenschutzes für die Mittelmächte verstanden. Und während das katho-

lische Österreich-Ungarn drängte, die Vermittlung des Papstes an-
zunehmen, vermied die offizielle deutsche Antwort jedes konkrete
Zugeständnis.

Aber nicht die ganze katholische Welt agierte im Einklang mit
dem Papst. Dies mag überraschen, doch kein Souverän ist so absolut, dass er realiter über alle seine Untertanen herrscht. Auch die
katholische Kirche war in Wirklichkeit den Spaltungen nach nationalen Regierungen entsprechend ihrerseits gespalten.

Das trifft besonders auf den Fall Frankreich zu. Im Frankreich
der Jahre 1914 bis 1918 gibt es eine katholische Organisation, die
als humanitäre Vereinigung auftritt und geleitet wird von einer herausragenden und geachteten Persönlichkeit des französischen Klerus, dem späteren Kardinal, damals noch Monsignore, *Alfred Baudrillard*, Spross der großen Familie von Antoine Isaac Sylvestre de
Sacy, dem Establishment verbunden, einflussreicher Vertreter des
Institut Catholique. Baudrillard hat ein Tagebuch hinterlassen, die
so genannten Carnets, das vor einiger Zeit veröffentlicht worden
ist und ganze neun Bände mit Abertausenden von Seiten umfasst:
eine wertvolle Quelle für die Zeitgeschichte. Es lohnt sich, in dieses
riesige Reservoir einen Blick zu werfen, um den Puls zu fühlen, wie
also der französische Klerus denkt, wenn er sich direkt mit dem
Krieg beschäftigt. Zwei Stellen seien daraus zitiert, eine vom Anfang, die andere vom Ende des Kriegs: vom 2. August 1914 und
vom 5. Mai 1918. Dabei sei wiederholt, dass es sich um zwei Frag-
mente aus diesem immensen Sammelbecken handelt, die allerdings
sehr symptomatisch sind für die Denkart und Haltung und folglich
auch das Agieren der wichtigsten Exponenten des praktizierenden
Katholizismus, der sich während des Kriegs in der Propaganda und
der Unterstützung der amtlichen Institutionen betätigt.

2. August 1914: »für morgen angekündigt, dass da das Begräb-
nis, die Trauerfeier für Jean Jaurès«, den sozialistischen Führer, der
von einem Nationalisten ermordet worden war, weil er gegen den
Krieg auftrat, »stattfinden wird«. Und Baudrillard fügt hinzu:

»Auch er ist einer von denen, die schuld sind an der gegenwärtigen
traurigen Situation, und die wäre noch weit schlimmer, wenn man
Jaurès' Ideen gefolgt wäre. Für das Allgemeinwohl ist es das Beste
gewesen, dass er am Vorabend des Kriegs verschwunden ist (sic;
d. Verf.)«.

Im Abstand einiger Jahre, am 5. Mai 1918, schreibt er:

»Die unfassbare und kriminelle Frechheit eines Teils der französischen Sozialisten will den 100. Geburtstag von Karl Marx (ein
Deutscher, aus welchem Grund Baudrillard die Initiative für verbrecherisch hält; d. Verf.) begehen; sie, die französischen Sozialisten, sagen, die deutschen Sozialisten hätten seinerzeit um Jean
Jaurès geweint: das glaub ich gerne, Jaurès hätte mit seinem Handeln unsere nationale Verteidigung gelähmt«.

Da haben wir eine ganz andere als die weise Stimme Benedikt XV.,
die kein Gehör fand.

Ähnlich boykottierte auch der deutsche Episkopat das Engagement des Papstes. Dieser habe, tat der Kardinal von Köln die Initiative Benedikt XV. ab, als völkerrechtlicher Souverän gesprochen
und nicht als Oberster Hirte aller Katholiken.

Wie es ausging

Es ist schwierig, im chronologischen Rahmen des ersten Kriegsjah-
res zu verbleiben, doch ist dieses zugleich ein sehr gutes Observato-
rium, um die Entwicklungslinien zu betrachten, das, was noch kam
und *in nuce* 1914 schon da war.

Deshalb wollen wir kurz darüber nachdenken, was danach geschah. Der Krieg war – wiewohl die unterschiedlichsten politischen
Kräfte in verantwortungsloser und abenteuerlicher Art und Weise
und ohne Rücksicht auf die Konsequenzen an ihm beteiligt waren – die Keimzelle der radikalen Veränderung des europäischen

Kontinents und seiner politischen Physiognomie. Und er war auch Keimzelle, Wiege und Nährboden der autoritären und später faschistischen Rückentwicklung. Sie bezog ihre Impulse genau aus dem Konflikt und seinen Folgen.

Das ist nicht nur ein italienisches Phänomen. Eine verbreitete und tief verwurzelte Vorstellung besagt, dass speziell in unserer italienischen Geschichte die Ergebnisse des Krieges, die Unzufriedenheit mit dem Frieden von Versailles, der unermüdliche Revanchismus und der Konflikt zwischen dem sozialistischen Radikalismus und den Nationalisten schließlich den Faschismus zum Ergebnis gehabt hätten. Das ist nur ein Teil der Wahrheit.

Die autoritäre Wende beginnt in Wirklichkeit genau mit dem Anfang des Krieges. Mit dem Krieg setzt man die Politik außer Kraft und geht zu einem anderen Typ der Verwaltung der öffentlichen Angelegenheiten über. Das ist das Entscheidende. Natürlich verschärft die Tatsache, dass der Blitzkrieg scheiterte und es zu einem langen Zermürbungs- und Stellungskrieg kam, diesen Umbruch. Was wie der Krieg zwischen Frankreich und Deutschland von 1870/71 ein kurzes Trauma gewesen wäre, wird im Gegenteil zu einer unendlich langen Phase, zu vier langen Jahren vom August 1914 bis zum November 1918. Und vom ersten Moment an beginnt sich eine Macht zu etablieren, die sich grundlegend von derjenigen der Parlamente und Regierungen unterscheidet. Im wilhelminischen Deutschland ist es die Macht der Obersten Heeresleitung. Sie zeichnet sich durch hochstehende und auch strategisch denkende Personen aus wie General Ludendorff oder Feldmarschall Hindenburg, um nur die bekanntesten zu nennen. Dies sind Namen, denen wir dann in der späteren Geschichte Deutschlands wieder begegnen werden. Ihre Träger werden nicht mehr aufhören, Politik zu machen, auch lange nach Kriegsende. Ludendorff wird der Pate, der Inspirator des *Hitlerputschs von 1923* sein, Hindenburg der Präsident der deutschen Republik, der Hitler im Januar 1933 mit der Regierungsbildung beauftragen wird, als dieser ziemlich weit von der parlamentarischen

Mehrheit entfernt ist. Und in der Zwischenzeit haben sie, wie während des Kriegs, so auch danach, auf der politischen Szenerie gelastet und in dieser Rolle reale Macht jenseits der Parlamente, Regierungen und Parteien ausgeübt.

Die Außerkraftsetzung der Politik, dem Kriegsmechanismus inhärent, findet ihre unmittelbar offenkundige Entsprechung in der Tatsache, dass nicht mehr gewählt wird. Es bleiben die Parlamente in Funktion, die vor dem Krieg gewählt worden waren.

So amtiert zum Beispiel der 1912 gewählte deutsche Reichstag weiter, solange der Krieg nicht zu Ende ist, wenn auch zunehmend nur als schmückendes Beiwerk. Schauen wir uns das Schicksal der Regierungen an. Die Regierung obliegt dem Kanzler Bethmann Hollweg, der von Anfang an in die Kriegsvorbereitung verstrickt war. Ihn beunruhigt es, dass der Krieg trotz der Ungeniertheit, mit der Belgien vergewaltigt wurde, weder schnell beendet und noch weniger entschieden werden konnte. Und noch beunruhigter ist er in dem Moment, als die Oberste Heeresleitung, ohne Billigung durch das Parlament, eine neue, höchst gefährliche Art von Krieg eröffnet, den U-Boot-Krieg. Er ist Ersatz für eine nicht mögliche Ebenbürtigkeit zur See mit England. Nach der Illusion Wilhelms II. hätte die deutsche Kriegsflotte der englischen Paroli bieten können und müssen. Doch sie war dem im Gegenteil nicht gewachsen, hatte wohl außerordentliche Panzerkreuzer, aber diese konnten alles in allem mit der englischen Kriegsflotte nicht mithalten.

Hiergegen schien es eine »Geheimwaffe« zu geben, die im entscheidenden Moment plötzlich auftauchte – auch Hitler glaubte bekanntlich zu einem bestimmten Zeitpunkt, über eine solche Waffe zu verfügen, mit der er den Lauf des Kriegs umkehren würde. Im Ersten Weltkrieg waren das die U-Boote. Mit dem *uneingeschränkten U-Boot-Krieg* würde man England treffen und nicht weniger die US-amerikanischen Schiffe, die wichtige Hilfsgüter nach England brachten und es diesem Land ermöglichten, in einem auch für diese Großmacht schrecklichen und zermürbenden Krieg zu bestehen.

Gegen die US-amerikanischen Schiffe einen uneingeschränkten U-Boot-Krieg zu führen, also ohne Rücksicht darauf, dass es Schiffe eines neutralen Landes waren, bedeutete einen weiteren Schritt in den Abgrund. Bethmann Hollweg lehnte diese Idee ab und pflegte zu sagen: »Dieser U-Boot-Krieg ist unsere Expedition nach Sizilien«, womit er auf eine Episode aus dem Peloponnesischen Krieg zwischen Athen und Sparta anspielte. In dem Glauben, so seine Position zu verbessern, griff damals Athen Sizilien an, stürzte sich damit aber im Gegenteil in die Niederlage.

»Es ist unsere Expedition nach Sizilien«, und zwar deshalb, weil damit ein mehr als triftiges Alibi für die Vereinigten Staaten geschaffen war, im Krieg zu intervenieren. Ein Alibi wohlgemerkt, denn die USA greifen in den Konflikt ein, weil zwar der U-Boot-Krieg sie trifft und de facto einen Kriegszustand schafft, aber vor allem aus einem anderen, wesentlichen Grund heraus. Ihr Kriegseintritt im September 1917 erfolgt, weil es inzwischen aufgrund der Februarrevolution in Russland und der Schwierigkeit der neugeborenen Republik, sich Deutschland im Osten weiterhin effektiv zu widersetzen, zum Zusammenbruch der russischen Front gekommen ist. Dies macht es möglich oder lässt zumindest als möglich befürchten, dass das Kriegsglück doch noch zu Gunsten Deutschlands und der Mittelmächte ausschlägt.

Und die USA können es, wie im übrigen auch England, nicht dulden, dass es ein Europa unter deutscher Herrschaft gäbe. Jene Kräfte in den Vereinigten Staaten, die dem englischen Verbündeten am nächsten stehen, halten es also für notwendig, angesichts einer solchen Situation in Europa nunmehr an der Seite Englands und Frankreichs direkt in den Krieg einzugreifen.

Was dagegen noch nicht voll ans Tageslicht trat, jedoch ganz tief als Wurm in der Realität des Krieges bohrte, war das Zerbrechen der inneren Front, das unter dem Mantel der Diktatur Ludendorffs in der letzten Kriegsphase stattfand. Was 1914 an Widersetzlichkeit nur aufgedämmert war bei einer kleinen Minderheit, die vergeblich predigte, der Hauptfeind stehe im eigenen Land, wird mit dem Jahr 1917, mit der aussichtslosen Fortsetzung des Krieges sowie einer Revolution, die sich in Russland vollzieht und unüberschaubare Entwicklungsmöglichkeiten eröffnet, in Deutschland zu einer beträchtlichen Kraft.

Die deutsche sozialistische Partei spaltet sich. Ein Teil rückt von der offiziellen Linie ab und gründet die *Unabhängige Sozialdemokratische Partei*, die USPD, deren Führer jener Hugo Haase ist, an den wir schon wegen seines glücklosen und gescheiterten Besuchs bei Jean Jaurès erinnert haben.

Die USPD entsteht parallel mit einer anderen, ihr entgegengesetzten, im deutschen Spektrum völlig neuen politischen Kraft, der *Deutschen Vaterlandspartei*. Diese ist wie ein riesiger Pilz, der nach einem warmen Regen im Lauf nur einer Nacht aufschießt. Es handelt sich um eine Partei, die innerhalb weniger Wochen zur Massenpartei wird, mit mehr Mitgliedern als die bestorganisierte sozialistische Partei. Sie ist eine große reaktionäre Massenpartei, deren einziges Credo und einziger Existenzgrund die lebhafteste Verfolgung der annexionistischen Kriegsziele ist. Der Substanz nach ist sie die stärkste Pressure Group, die während des ganzen Kriegs in Deutschland überhaupt aufgetreten ist. Wer steht an der Spitze dieser Partei? Der Feldmarschall Hindenburg, naturaliter ihr Flaggschiff. Er präsidiert ihren öffentlichen Versammlungen und regiert im Grunde mit der Obersten Heeresleitung mittlerweile unter völliger Missachtung des Parlaments. Diese politische Formation ist das erste europäische Experiment einer reaktionären Massenpartei, die in der Lage ist, eine ganze Nation in klassenübergreifender Weise zu formieren; der erste Versuch einer jener reaktionären Massenparteien also, die im Europa der 20er- und 30er-Jahre Träger und Stützen der faschistischen Diktaturen sein werden.

Im Deutschland der letzten Kriegsphase stehen sich also zwei neue Realitäten gegenüber: eine sozialistische Partei, die offen gegen die Fortsetzung des Krieges eintritt, und eine reaktionäre

Massenpartei, die das Parlament endgültig ausschalten und im Einvernehmen mit der Obersten Heeresleitung einen kaum noch erhofften Sieg erreichen will.

Vor dieser doppelten Neuformierung des politischen Panoramas beginnt sich eine Spaltung der inneren Front abzuzeichnen, die *a posteriori* von den führenden Kreisen Deutschlands als wahrer Grund der Niederlage bezeichnet werden wird. Es wird nun die später so genannte *Dolchstoßlegende* geboren, der zufolge das Heer im Felde hätte standhalten und das Kriegsglück sogar wenden können. Doch der Dolchstoß in den Rücken, geführt von den sozialistischen Extremisten, Bolschewikenfreunden, Nachahmern dessen, was sich nach dem Oktober 1917 im revolutionären Russland abspielte, führte die Niederlage herbei. Diese Dolchstoßlegende hat nach der Niederlage die Geschichte der deutschen Republik zeit ihres Bestehens vergiftet. Auf die Kräfte der Linken wurde stets als Verantwortliche für die nationale Katastrophe gezeigt.

Und wieder haben diese zu erheblichen Teilen sich weitgehend als unterwürfig erwiesen und defensiv auf diese Schuldzuweisung reagiert. Sie haben die Anschuldigung nicht von ihren Wurzeln her widerlegt, die man bis 1914 hätte zurückverfolgen müssen, um die damals gefällten Entscheidungen als das wahre Verbrechen gegen das deutsche Volk zu entlarven. Das gilt für Deutschland, es gilt aber natürlich in unterschiedlichem Maß auch für die anderen Länder.

Die Dolchstoßlegende hat später Namen und Adresse bekommen, in dem Sinne nämlich, dass ihre Hauptverfechter eben jene Ludendorffs und Hindenburgs waren sowie vor allem die ganze journalistische Flut der deutschen Rechten, die in dieses Horn stieß. Eine journalistische Flut, über die vielleicht noch etwas ausgeführt werden sollte, eingedenk dessen, dass wir im Lauf dieser Geschichte mehrfach auf das Gewicht hingewiesen haben, das die Macher der öffentlichen Meinung auf politische Entscheidungen und Wahlmöglichkeiten haben.

Als Lenin, nachdem er die Macht übernommen hat, die Archive des Zaren öffnet, zieht er ein umfangreiches Dossier hervor, das einen, sagen wir ungewöhnlichen Aspekt betrifft, das *Ausgabenbuch des Zaren*. In ihm tummeln sich französische Journalisten der unterschiedlichsten Zeitungen, die großzügige Zahlungen empfangen haben, um die öffentliche Meinung durch ihre Berichte in Blättern mit hoher Auflage wie »Le Figaro« oder »Le Temps« in eine Richtung zu lenken – in Übereinstimmung mit Vorgaben, die vom Zarenhof kamen.

Die Enthüllung des Ausgabenbuchs, in dem französische Journalisten wie auch die anderer Länder so stark vertreten waren, ist vielleicht das bezeichnendste Bindeglied, das uns begreifen lässt, wie oft Entscheidungen, die von einer emotionalen Woge für »heiligste« Werte getragen scheinen, in Wirklichkeit durch brutale Interessen bestimmt sind, für die das Geld, das da fließt, wahrscheinlich die ausschlaggebende Kraft ist.